आओ, तुम्हें मैं मीत लिखूँ

(एक काव्य संग्रह)

एडवोकेट नवल किशोर सोनी

आओ, तुम्हें मैं मीत लिखूँ

(एक काव्य संग्रह)

नवल किशोर सोनी

E-mail- navalkishor.s@gmail.com

Interior Layout, Formatting & Cover Design
: Naval Kishor Soni

समर्पण

माता-पिता के आशीष,

जीवन संगिनी मंजू के विश्वास,

बेटी नव्या की मुस्कान को,

और उन सभी को

जो जीवन को

थोड़ा और सुंदर,

थोड़ा और मानवीय बनाने के लिए

संघर्षरत हैं।

मेरी कविताओं की यह छोटी-सी दुनिया

आप सभी को

आदर सहित समर्पित।

अनुक्रम

अपनी बात

मनुष्य का जीवन केवल घटनाओं की श्रृंखला नहीं है; वह अनुभवों, भावनाओं, स्मृतियों और संबंधों से बुनी हुई एक गहरी और निरंतर चलने वाली यात्रा है। इस यात्रा में कभी आनंद के क्षण आते हैं, तो कभी पीड़ा और दु:ख के पहाड़ भी सामने खड़े हो जाते हैं। कभी प्रकृति की मधुर छटा मन को नई ऊर्जा से भर देती है, तो कभी समाज और समय की विसंगतियाँ हमें भीतर तक उद्वेलित कर देती हैं। ऐसे ही अनेक अनुभव जब मन की गहराइयों में उतरकर शब्दों का रूप लेते हैं, तब कविता जन्म लेती है। प्रस्तुत काव्य-संग्रह “आओ, तुम्हें मैं मीत लिखूँ” इसी संवेदनशील जीवन यात्रा की एक सच्ची और आत्मीय अभिव्यक्ति है।

कविता मनुष्य के अंतर्मन की वह भाषा है जो किसी औपचारिकता या आडंबर की मोहताज नहीं होती। जब कोई भावना मन को गहराई से स्पर्श करती है, जब कोई स्मृति अचानक हृदय के द्वार पर दस्तक देती है, या जब जीवन का कोई अनुभव भीतर एक प्रश्न या अनुभूति जगाता है, तब वही अनुभूति शब्दों में ढलकर कविता बन जाती है। इस काव्य-संग्रह की रचनाएँ भी जीवन के ऐसे ही अनेक क्षणों से जन्मी हैं। कभी प्रेम की कोमलता से, कभी विरह की हल्की पीड़ा से, कभी प्रकृति की मधुरता से और कभी समय और देश काल की परिस्थितियों की विडंबनाओं से।

इस संग्रह का शीर्षक “आओ, तुम्हें मैं मीत लिखूँ” अपने भीतर एक विशेष भावात्मक संसार को समेटे हुए है। यहाँ “मीत” केवल किसी एक व्यक्ति का संकेत नहीं है; वह आत्मीयता, विश्वास और मानवीय संबंधों

की उस गहराई का प्रतीक है जो मनुष्य को मनुष्य से जोड़ती है। मीत वह होता है जो हमारे सुख-दुख में सहभागी बनता है, जो हमारे मौन को भी समझने की क्षमता रखता है, और जो हमारे जीवन की यात्रा में हमारे साथ चलने का विश्वास देता है। जब कवि कहता है, "आओ, तुम्हें मैं मीत लिखूँ", तो वह वस्तुतः अपने शब्दों के माध्यम से उस आत्मीयता को रचने का प्रयास करता है जो जीवन को अधिक मानवीय और अधिक खूबसूरत बनाती है।

इस काव्य-संग्रह की कविताएँ जीवन के अनेक रंगों को समेटने का प्रयास करती हैं। कहीं प्रेम की सहज मुस्कान है, कहीं स्मृतियों की हल्की आहट। कहीं मन की बेचैनी है, तो कहीं उम्मीद की एक उजली किरण। जीवन के ये छोटे-छोटे पल ही वास्तव में हमारी संवेदनाओं का आधार बनते हैं। अक्सर वही पल, जो देखने में बहुत साधारण लगते हैं, हमारे भीतर सबसे गहरी छाप छोड़ जाते हैं। मैंने इन्हीं खूबसूरत पलों को शब्दों में सँजोने का प्रयास किया है।

इस संग्रह की अनेक कविताओं में प्रकृति भी एक महत्त्वपूर्ण उपस्थिति के रूप में दिखाई देती है। आकाश की विशालता, चाँद की शीतलता, हवाओं की सरसराहट, ऋतुओं का परिवर्तन, ये सब मेरी कविताओं में कवि के मन के साथ जैसे संवाद करते हुए प्रतीत होते हैं। प्रकृति केवल दृश्य नहीं है; वह मनुष्य की संवेदनाओं का एक विस्तार भी है। कई बार मनुष्य अपने भीतर की भावनाओं को प्रकृति के माध्यम से अधिक सहजता से व्यक्त कर पाता है। इसलिए इस काव्य-संग्रह में प्रकृति और मनुष्य के भाव एक-दूसरे के साथ घुलते-मिलते दिखाई देते हैं।

कवि का मन केवल व्यक्तिगत अनुभवों तक सीमित नहीं रहता। वह अपने समय और समाज को भी सजग दृष्टि से देखता है। आज का समाज अनेक प्रकार की चुनौतियों से गुजर रहा है। बदलते जीवन मूल्य, संबंधों की जटिलता, संवेदनाओं का क्षीण होना और सामाजिक विषमताएँ, देश की वर्तमान सामाजिक,आर्थिक और राजनीतिक परिस्थियाँ ये सब हमारे समय की वास्तविकताएँ हैं। इस संग्रह की कुछ कविताएँ इन प्रश्नों को भी छूती हैं। वे केवल भावनात्मक अभिव्यक्ति नहीं हैं, बल्कि पाठक को सोचने और अपने समय के प्रति सजग होने के लिए भी प्रेरित करती हैं।

इन रचनाओं की भाषा को यथासंभव सरल, सहज और आत्मीय रखने का प्रयास किया गया है। कविता का उद्देश्य केवल शब्दों की जटिलता या अलंकारिकता नहीं होता, बल्कि वह मनुष्य के हृदय तक सीधे पहुँचने का माध्यम भी होती है। जब शब्दों में सच्ची अनुभूति होती है, तब वे बिना किसी कठिनाई के पाठक के मन को छू लेते हैं। इसी विश्वास के साथ इन कविताओं में भावों की सच्चाई और संवेदनशीलता को प्राथमिकता दी गई है।

कविता का वास्तविक सौंदर्य तभी पूर्ण होता है जब पाठक उसमें अपने जीवन का कोई अंश देख सके। हर पाठक अपनी स्मृतियों, अपने अनुभवों और अपनी भावनाओं के साथ कविता को पढ़ता है, इसलिए कविता के अर्थ भी हर पाठक के लिए थोड़े अलग हो सकते हैं। यही कविता की शक्ति है कि वह अनेक अर्थों और अनुभूतियों को अपने भीतर समेटे रहती है। यदि इस काव्य-संग्रह की कविताएँ पाठकों के मन में

किसी स्मृति को जगा दें, किसी प्रिय संबंध की याद दिला दें या किसी विचार को जन्म दे दें, तो यही इस रचनात्मक प्रयास की सबसे बड़ी सफलता होगी।

"आओ, तुम्हें मैं मीत लिखूँ" वस्तुतः एक निमंत्रण भी है। संवेदनाओं के उस संसार में प्रवेश करने का निमंत्रण, जहाँ शब्द केवल शब्द नहीं रहते, बल्कि वे अनुभवों के जीवंत प्रतीक बन जाते हैं। यह संग्रह पाठकों को अपने भीतर झाँकने, अपने संबंधों को याद करने, देश काल की परिस्थितियों से रूबरू होने और जीवन की छोटी-छोटी सुंदरताओं को महसूस करने के लिए आमंत्रित करता है।

अंततः यह काव्य-संग्रह उसी विश्वास के साथ पाठकों के समक्ष प्रस्तुत है कि कविता अभी भी मनुष्य के भीतर जीवित है। जब तक मनुष्य के हृदय में संवेदनाएँ जीवित हैं, जब तक प्रेम, स्मृति, प्रश्न और आशा जीवित हैं तब तक कविता भी जीवित रहेगी।

इसी विश्वास और आत्मीय भावना के साथ यह काव्य-संग्रह पाठकों को समर्पित है कि इन शब्दों के बीच वे अपने मन का कोई "मीत" अवश्य खोज पाएँगे।

नवल किशोर सोनी

सखी आया बसन्त

मौसम और बहार के बिखरे रूप अनन्त,
सरसों फूली खेत में सखी आया बसन्त।
प्रितम दिल में थे बसे तो हर्षित था मन मोर,
साजन बिन तो चैन नहीं विरह छाया अनन्त।
सखी आया बसन्त
मौसम और तन ने उतारी कोहरे वाली शॉल,
बौराये मनवा ने सखी री क्यों गाया राग कन्त।
सखी आया बसन्त
महकी- महकी धूप है, कभी गर्मी कभी छाँव,
प्रिय के बिरह में है दुखी यह मन मेरा अत्यंत।
सखी आया बसन्त
जाते मौसम के संग जा रहे हवा और संगीत,
मुझे भी ले चल सखी जहाँ मेरे प्रिय श्रीमंत।
सखी आया बसन्त

आओ, तुम्हें मैं मीत लिखूँ

आओ, तुम्हें मैं मीत लिखूँ।
कमल नयनों में प्रीत लिखूँ।
खो जाऊँ तुम्हारे सपनों में,
इन अधरों पर संगीत लिखूँ।
बन जाऊँ तुम्हारा प्रीतम मैं,
सदियों की यह रीत लिखूँ।
दूर कहीं ले जाकर तुमको,
मिलन के सब गीत लिखूँ ।
आओ, तुम्हें मैं मीत लिखूँ।
"नवल" न्यौछावर तन, मन, धन,
हार नहीं इसे मैं जीत लिखूँ ।
आओ, तुम्हें मैं मीत लिखूँ ।

वो पगली सपनों में आती

भर नयनों में विरह वेदना.
मैं प्रेयसी की राह तकता था।
आधी रतियाँ सोता था मैं,
आधी रतियाँ जगता था।
खनक-खनककर उसकी पायल,
इस मन को कर जाती घायल।
कभी भूल मैं जाता खुद को,
कभी हो जाता उसका कायल।
जब बाहों में वो है समाती,
खुशबू महक महककर जाती।
खो जाता मैं उसके उर में,
चहुँ दिश झूम झूमकर गाती।
वो पगली सपनों में आती,
नाम जमीं पे लिखती मिटाती।
जब रखती अधरों पर अधर वो,
फूली नहीं समाती छाती।

वो भीगा बदन

पसीने में नहाने के दिन आ रहे हैं,
फिर से गुनगुनाने के दिन आ रहे हैं।
जो मैंने कहा और जो तुमने सुना है,
फिर सुनने सुनाने के दिन आ रहे हैं।
टपकने लगा उनके अधरों से पानी,
फिर छूने छुआने के दिन आ रहे हैं।
वो भीगा बदन और पुरवाई तो देखो,
क़रीब उन के जाने के दिन आ रहे हैं।
चलो "नवल" फिर उनको गले से लगाएँ,
प्यार में लुटने, लुटाने के दिन आ रहे हैं।

एक लड़की

किसी से यूँ दिल लगाए एक लड़की,
अपने होने को ही मिटाए एक लड़की।
मां -बाप और घर भी तो होता है जरूरी,
यह दर्द कब किसको बताए एक लड़की।
दर्द ख़ुद और जमाने से कब तक छिपाए,
क्या पता कब,कैसे टूट जाये एक लड़की।
बराबरी का दौर ए रिवायत है अब दोस्तों,
क्यों मोहब्बत में फना हो जाए एक लड़की।
इश्क का मतलब यह तो नहीं है “नवल”,
कि ख़ुदी ही को भूल जाए एक लड़की।

अपने हक के लिए

देखो अब आगे बढ़ने लगी हैं लड़कियाँ,
सीढ़ीयाँ जीत की चढ़ने लगी हैं लड़कियाँ।
कोई ओर था वो ज़माना और वो पीढ़ियाँ,
देखो अब स्कूल में पढ़ने लगी हैं लड़कियाँ।
रेलें और प्लेन को आज वो चलाने लगी हैं ,
अपने सपने भी ख़ुद गढ़ने लगी हैं लड़कियाँ।
कोई छीन सकता नहीं उनके ख्वाबों को अब,
अपने हक के लिए लड़ने लगी हैं लड़कियाँ।
पूर्व - पश्चिम की हवाएँ खाने लगी हैं अब,
खोल दी दिमाग़ की उन्होंने सब खिड़कियाँ।

अम्मा

बहुत प्यार है उसे बच्चों से पर जताती नहीं,
मारेगी अम्मा या दुलारेगी कभी बताती नहीं।
यह अक्खड़पन भी बाप से सीखा है उसने,
आँसू आए आँखों में ऐसा कभी लगाती नहीं।
ख़्वाब - ए- नीँद में पड़ ना जाये कोई खलल,
यही सोच कर माँ उन नन्हों को जगाती नहीं ।
अभ्यस्त है भूख अपनी कभी देखी नहीं उसने,
बच्चों को लगे भूख तब तक कुछ पकाती नहीं।
रहती है उसे चिन्ता हर सदस्य की हर दम "नवल",
घर भर खाले पेट भर इससे पहले वो खाती नहीं।

खोए रहते हैं हम

पता नहीं उनसे कैसा है यह राब्ता,
तकता है क्यों दिल उन्हीं का रास्ता।
बिसार चुके थे उनको यूँ हज़ार बार,
पर बना हुआ उनसे अभी भी वास्ता।
खोए रहते हैं हम उन्हीं के ख़्वाब में,
खुलते ही आँखें वो क्यों हैं लापता।
अधर और उनके माथे को चूमता,
साथ गर होते हाथ उनका थामता।
क्या-क्या करता और क्या न करता,
होते रूबरू "नवल" जी भर निहारता।

आसमान

खुले आसमान के तले
निहारा करती है वो सितारों को
और ढूँढती है खूब चमकते
एक नवल सितारे को
फिर उस पर टिका कर निगाहें
करती है ढेर सारी मन की बातें
जी भर कर देर रात तक
मन ही मन !

चाँद

जब भी आसमाँ में उसे दिखाई नहीं
देता है चाँद, व्याकुल हो उठती है वो
उसे अपलक निहारने को
और जैसे ही बादलों की ओट
से बाहर निकलता है चाँद
खुद चकोर हो जाती है !

रजाई

भाती है उसे मेरी कविताएँ
वैसे ही जैसे सर्दियों में भाती है रजाई
पढ़ती है रोज रात को
बिस्तर में जाने के बाद
घुसकर रजाई के अन्दर
पर अब जा रही है सर्दियाँ
मुमकिन नहीं होगा
रजाई में घुसना !

मेरे शरीर का रक्त है

मेरी कविताएँ कहेगी, सब सच सच
बिना किसी लाग लपेट के
कविता मेरे शरीर का रक्त है
वो बहती है मेरी रग-रग में
दौड़ती है सुबह शाम मेरे हृदय में
मेरी आँखों में, मेरी हर साँस में
और महसूस कर सको तो करना
मेरे मरने के बाद भी इसे मेरी लाश में
तुम लगा दो कितने ही बन्धन
छीन लो चाहे मेरी कलम
और मेरी साँसे, कर दो कैद
काल कोठरी में, जकड़ दो जंजीरों
या हथकड़ियों में, फिर भी कविता
लिखी जाएगी, मैं इसे लिखूँगा
अपनी आँखों से, तुम्हारी बातों से
शरीर पर पड़ी लातों से, जन्मते शिशु के
चिकने पातों से, ढलती-गुजरती रातों से
काल कोठरी के, आहातों से लिखूँगा
मुसलसल जद्द-ओ-जहद और इन्सानियत के
गीत और संगीत !

रोटियाँ

रोटियाँ जिनके लिए भागते हैं लोग
रोटियाँ जिनके लिए दिन रात जागते हैं लोग
रोटियाँ जिनके लिए रिश्वत माँगते हैं लोग
रोटियों ने जिनका गांव, शहर, देश छुड़वा दिया
रोटियों ने जिनका खून का रिश्ता तुड़वा दिया
रोटियाँ जिनके लिए कण्ठ अटकते हैं
रोटियाँ जिनके लिए सेठ मजदूर की मजदूरी गटकते हैं
रोटियाँ जिनके लिए लोग शहर-शहर भटकते हैं
रोटियाँ जिनके लिए होती हैं क्रांतियाँ
रोटियाँ जिनके लिए होती हैं भ्रांतियाँ
रोटियाँ जिनके लिए तड़पते हैं लोग
रोटियाँ जिनके लिए कड़पते हैं लोग
भाई से भाई को मरवाती, रोटियाँ इज्जत बिकवाती
रोटियाँ पापड़ बिलवाती, बता रोटियाँ क्या-क्या नहीं
करवाती ?
नेताजी चिताओं पर रोटियाँ सैंकते हैं
पता नहीं "नवल" लोग फिर क्यों
सड़क पर रोटियाँ फैंकते है ?

चाँदनी मुस्कुरा रही है

यह चाँद जब रात से मिल रहा होता है ना
तो चाँदनी का दिल जल रहा होता है
एक पहर के बाद रात की आँख में
छाई नमी सबूत है इस बात का कि चाँद
ने ऐसा कुछ तो कहा है कि रात की आँख भर आई
यूँ दोनों के दरमियाँ हुई गुफ़्तगू और गिला शिक़वा के
चलते ही मजबूर हुई है ढलने को यह रात
पता नहीं क्यों चुपके से चला जा रहा है देखो वह चाँद
और चाँदनी मुस्कुरा रही है "नवल" कुटिलता के साथ
मिलकर सितारों के संग !

बादलों की ओट में

बादलों की ओट में छिपा हुआ सूर्य

अभी मन्द मन्द मुस्कुरा रहा था

कि घटाओं ने उसे घेर लिया चहुँ ओर से

करने लगी अटखेलियां, छेड़ने लगी घूर कर

अपनी ही रश्मियों से ऊबा ऊबा, डूबा डूबा

देखकर पास आती घटाओं को

शाम होते होते लज्जा से लाल हो गया रवि

और खो गया घटाओं के आगोश में

सहसा बरसने लगी स्नेह की बूंदें

रवि और घटाओं के उस स्नेहिल मिलन से

हरी हो गई धरा देखकर उनका आलिंगन

रश्मियां खुद चली गई समझकर

फिर एक नई सुबह

रवि को गले से लगाने के

खयालों में खोई हुई !

घटाएँ छाई हैं

लो फिर फलक पर घटाएँ छाई हैं,
यह किसने अपनी जुल्फें लहराई हैं।
पपीहे ने किसे पीऊ कह पुकारा है,
हमें भी उनकी याद क्यों कर आई है।
उमड़- घुमड़ कर बादल गरज रहे हैं,
मेरे दिल में क्यों विरानी सी समाई है।
मेरे हालात पर आँसू बहाते हैं बादल,
कब किसी ने इतनी हमदर्दी जताई है।
बारिश में भीग रहा हूँ रोते हुए "नवल",
छिपा रहा हूँ चोट जो दिल पर खाई हैं।

क्या जिन्दा है वे लोग

जो नष्ट कर चुके हैं जीवन से प्यार
जिनके लिए कोई मायने नहीं रखती ठण्डी बयार
करते नहीं जो खुद की या औरों की मदद
बन चुके हैं जो निरीह पत्थर और अपनी आदतों के दास
बदल नहीं पाते जो खुद को और अपने जीवन को
यूँ तो बैठे हैं उच्च पदस्थ होकर पर देख नहीं पाते खुद अपने
कदमों के नीचे की ज़मीन
लिए बीमार सोच और शरीर कर रहे हैं पीढ़ियों को बीमार
भरा है जिनमें ज़हर इन्सानों के प्रति धर्म और जाति के नाम पर
जो उठाते नहीं कोई जोख़िम, रचते नहीं कोई इतिहास
एक दिन रिटायर्ड होकर त्याग देते हैं शरीर जो कभी का मर
चुका था, जो न लिखते हैं और न किसी का लिखा हुआ पढ़ते हैं
जिनके न कोई मूल्य हैं, नहीं कोई सिद्धान्त ख़ुद के लिए गढ़ते
हैं, जो मानवता से ऊपर रखते हैं तथाकथित आसमानी किताबों
को, जो आज भी उभर नहीं पाए हैं अहम और उच्चता की
श्रेणियों से, क्या सचमुच जिन्दा है वे लोग ?

मूसलाधार बारिश

बारिश के होते ही दुबक जाता है हरिया
अपने कच्चे से घर में घघ्घू बनकर
तकता रहता है पानी से चूते हुए उन छिद्रों को
जो कर रहे हैं उसकी गोदड़ी को गीला
और आँखों को नम
सोचता है कि रुके यह मूसलाधार बारिश तो
संभाले उस रंभाती बछिया को जो कड़प रही है
चारे बिन भूख से
चूल्हे में जलाए आग और शान्त करे
भूखे पेट सो रहे बच्चों के पेट की आग
दूर करे घर भर के दुःख दर्द और गम
लेकर आती है दर्द और निगल जाती है
घर भर का सुकून, रातों की नींद
यह मूसलाधार बारिश जिसे
सुहाना मौसम कहते हैं हम !

तेरे इश्क़ का

तेरे इश्क़ का कुछ अभी ख़ुमार बाकी है,

मेरे दिल में गम अभी बे शुमार बाकी है।

तेरे नाम पर दिल क्यों धड़कता है फिर,

दिल में शायद अभी तेरा प्यार बाकी है।

तेरे दर पर देखें हैं ये दिवाने हज़ार हमने,

खड़े हम भी हमारी अभी कतार बाकी है।

हमें तराशा था जिन्दगी ने हर कदम पर,

जिन्दगी का सनम अभी उधार बाकी है।

तुम्हें पाने को "नवल" बेकरार हैं हम,

तन्हा है दिल कुछ अभी करार बाकी है।

मैं नारी हूँ

पूरा घर जब सोया रहता है नींद में
मैं ही उठकर दूध के लिए पहला बर्तन उठाती हूँ
अपने हिस्से की नींद बाँटती हूँ सबमें थोड़ा थोड़ा
मेरा क्या खयालों में ही अक्सर सो जाती हूँ
फिर मिठास बन घुलती हूँ चाय में मैं ही सबको गहरी नींद से जगाती हूँ
हर किसी की इच्छा और जरूरत के मुताबिक बनता है सुबह का नाश्ता
मैं खुद खिचड़ी बन सबके हिस्से का बचा खुचा खाती हूँ
तब कहीं घर के राशन का संतुलन बनाकर रख पाती हूँ
सिर्फ फर्श और घर की गन्दगी ही नहीं बुहारती
हर किसी के मैले मन को भी कपड़ों की तरह निखारती हूँ
खुद के दुखों पर छिड़क कर पानी मिलाकर थोड़ा नमक
बन नर्म आटे की लोई रोटियाँ उतारती हूँ
रोज खटती हूँ, थोड़ा थोड़ा घटती हूँ, तब सबकी चहेती बनती हूँ
खुद को खुद से ही नहीं मिला पाई कभी, ना ही अपनो को पुकारती हूँ
मैं नारी हूँ सदियों से सिर्फ घर आँगन ही नहीं पुरुष का हृदय भी
बुहारती हूँ, फिर भी ना कुछ करती ,ना कमाती धमाती
बिन पगार के "नवल" बन सृष्टि सबको दुलारती हूँ

इंसानियत के खातिर

आओ बनाएँ धर्म का भुर्ता,
जो भी पहने दिखाई दे तुम्हें।
गले में कंठी माला और लाल,
नीला, हरा,पीला,भगवा कुर्ता।
वो चाहे फ़कीर हो या हो साधु,
चमत्कार दिखाए या फिर जादू।
अल्लाह या फिर भगवान दिखाए,
गीता या कुरान की कथा सुनाए।
धर्म के नाम पर बेवकूफ़ बनाए,
आयत, मंत्र या फिर श्लोक सुनाए।
उससे पूछना बस यह एक सवाल,
क्यों तेरा है फ़कीरे यह बुरा हाल
क्यों दर-दर की बाबा खाता ठोकर
क्यों कथा, यज्ञ करता बन जोकर
क्यों खुद जीता जिल्लत की जिंदगी
घर में तेरे बाबे क्यों फसरी दरिन्दगी
तेरा ईश्वर, तेरा अल्लाह तेरा गॉड,
सब झूठे हैं झूठी बावले तेरी बन्दगी।
इंसानियत के खातिर जी ले पगले,
छोड़ धर्म जात की “नवल” गन्दगी।

सुखनवर के आखर

बेगुनाहों के देखो सर क़लम हो रहे हैं,
हाय ये क्यों और कैसे सितम हो रहे हैं।
हरिया बोता खेत में फ़सल ज़िन्दगी की,
यहाँ इंसानियत के दुश्मन धरम बो रहे हैं।
यूँ ही गुजर ना जाए ये रातें जिन्दगी की,
जगाओ उनको जो दिन में पड़े सो रहे हैं।
क्यों उबल रही है आग मेरे सीने में अब,
क्यों सुखनवर के आखर गरम हो रहे हैं,
क्यों ये मज़हबी दरिन्दे उगल रहे हैं ज़हर,
"नवल" वतन के रहबर अमन खो रहे हैं।

हरिया किसान

बरस रही है ये आग अब के जून में,
देखो आ रहा है उबाल उनके खून में।
जमीन पर शोले उगल रहे हैं जनाब,
ठण्डक दे रही दिखाई उनको मून में।
खेत में तप कर रहा हरिया किसान,
वो समीक्षा बैठक कर रहे हैं रंगून में।
उकता चुके हैं अब घर मालकिन से,
दिलचस्पी उनकी गैरों की खातून में।
हर सिम्त रही सुलग घर लगी देखिए,
रखा क्या है उस पड़ोस के मज़मून में।
माल उड़ा रहे हैं नेता ए. सी.में बैठकर,
घुन लगा हुआ नवल गरीबों के चून में।

तुम किसकी पीड़ा लिखते हो

तुम किसकी पीड़ा लिखते हो,
सदैव प्रसन्न चित दिखते हो ।
अन्तर्मन में लिए गहरी वेदना,
जग भर के प्रति तेरी संवेदना,
हर मानस पटल पर टिकते हो।
तुम किसकी पीड़ा लिखते हो।
सफर के साथी जो नित आते,
सब अपनी व्यथा कह जाते।
क्या कभी किसी ने यह पूछा,
तुम कैसे अपने दिन बिताते।
क्यों लू के थपेड़ों पर सिकते हो,
तेरा हृदय है सागर ज्यूँ गहरा,
रहता मन पर निश-दिन पहरा।
अंगारों से उर भीतर ही जलते,
अथक राह पर श्रम कर चलते।
लाख जतन पर नहीं बिकते हो,
मन को कैसे - कैसे बहलाते,
सत् के लिए ही कलम चलाते।
श्रम से कभी ना तुम जी चुराते,
मेहनत से "नवल" तुम कब अघाते।
कब अपने कहे से तुम डिगते हो,
तुम किसकी पीड़ा लिखते हो।

तुम्हें हीर बनाऊँ

आओ अपनी तस्वीर बनाऊँ,
मुझे राँझा ओ तुम्हें हीर बनाऊँ।
तुम रेत पर एक दिल बनाना,
मैं फिर उसमें एक तीर बनाऊँ।
कल-कल बहती झील किनारे,
तुझे बहता निर्मल नीर बनाऊँ।
प्रिय तेरे हर आँसू को पीकर,
मेरे इस दिल की पीर बनाऊँ ।
चुग- चुग धान इकठ्ठा कर लूँ ,
तेरे लिए "नवल" खीर बनाऊँ।

रात अमावस वाली

हर दिन दुःख है हर रात अमावस वाली,
हरिया फिर मनाएगा इस साल दिवाली।
निर्धन फिर पूजेंगे लक्ष्मी को धन के लिए,
रहेंगे फिर भी उनके हाथ और घर खाली।
पीर पराई हर सके न और जलाते दीपक है,
करे प्रधान मन की बात और बजवाएँ थाली।
महँगी हर चीज़ यहां सस्ते गरीब के आँसू हैं,
भूख का मारा पीटे छाती और खाए गाली।
चैनो अमन क्यों खोया है हर बस्ती से "नवल",
क्यों दिन में दिखते तारे क्यों हर रात है काली।

आखर ढाई

दिल मतवाला हुआ तुम्हारा
लो मैं अपना सब कुछ हारा
दिल तुमको दे बैठा हूँ अब
बिन तेरे हो कैसे गुजारा
रुप-लावण्य मन को भाया
तुमको मुझ पर तरस न आया
बूँद-बूँद को तुम तरसाती
समझ ना पाया तुम्हारी माया
वेद-पाठ और गुरुकुल छूटा
सब रिश्तों से अब नाता टूटा
एक तू ही हैं मन को भाती
हर अपना अब मुझसे रूठा
लब से जब भी लगता प्याला
तेरी याद दिलाती हाला
मन्दिर शिवालय भूल गया मैं
याद सिर्फ रहती मधुशाला
याद रहे सिर्फ आखर ढाई
अब तो आजा तू हरजाई
प्राण पखेरू कब उड़ जाएँ
समझ "नवल" तू पीर पराई

फिर एक औरत

आज सूरज डूबने से पहले उठा लाए थे दरोगा जी उसे
थाने में, आतंकियों की मदद करने के शक में
थानेदार के गुर्गे बोले पूरे स्टॉफ के लिए लस्सी मंगाओं
उसने मंगाई, सिगरेट मंगाओ, उसने मंगाई
दारू मंगाओ, उसने मंगाई, चिकन, रबड़ी, सब मंगाए
जबकि घर में भूखी थी उसकी नन्हीं औलादें,
तरस रही थी दूध के लिए
सूरज ढलते ही रात आठ बजे के बाद
धत्त थे सारे वर्दी वाले
दरोगा ने माँगी अब उससे 'इज्ज़त'
थाने से रिहा होने की 'कीमत'
किसी भी कीमत पर नहीं देना चाहती थी वो जिसे
उसे अपनी भूखी औलादों का खयाल आया
और मौका मिलते ही उल्टे पांव दौड़ पड़ी घर की ओर
पीछे से दरोगा ने चला दी गोली
लहूलुहान होकर गिर पड़ी व, तोड़ दिया दम
मगर झुकी नहीं, सुबह ख़बर थी अखबार में
कि दरोगा की पिस्तौल छीनकर हमला करने के जुर्म में
मारी गई फिर एक औरत !

है हिम्मत

आओ ! मुझे जाति, धर्म या मजहब

के नाम पर भड़का कर दिखाओ ?

आओ ! है हिम्मत तो दिखाओ लड़ाकर

किसी मन्दिर, मस्जिद, गिरिजा या

गुरुद्वारे की बहकती शाम पर

किसी पूजा, नमाज़, प्रार्थना या अरदास के नाम पर

आओ ! दिखाओ उकसाकर

गाय, सुअर की चर्बी, मीट या हलाली के काम पर

आओ ! है हिम्मत तो करो मुझे शामिल

किसी हवन, इबादत, जुलूस, भक्ति, भजन या चिल्ल

पौं करती नुमाइश में ललकारता हूँ मैं तुम्हें एक बार

फिर पूरे होशो हवास के साथ

तवायफ

कपड़े हम दोनों ने साथ उतारे

पर तुम चरित्रवान और मैं

तवायफ कहलाई

तुम्हें किसी ने कुछ नहीं कहा

क्योंकि तुम पुरुष थे और मैं

वैश्या कहलाई

हर एक पुरुष नंगा था मेरे साथ

पर वो वफादार बन गया और

मैं बेवफ़ा कहलाई

हया मुझ में फिर भी बची थी पर

तुम बने लाज शर्म के पुरोधा और

मैं बेहया कहलाई

तुमने ना जाने कितनी औरतों को

खरीदकर बेच दिया अपना इमान, तन, मन और वफ़ा

फिर भी जिस्मफरोश एक औरत ही कहलाई

रात थक कर सो गई

अश्रु धार नयन का कोर-कोर धो गई,
मैं ना सोया यह रात थक कर सो गई।
आह! मेरे देश की ये कैसी दशा हो गई,
सोचता रहा रात भर जाग कर मैं यही।
आह! मेरे देश की ये कैसी दशा हो गई,
खुशहाल थे हम, यह स्वप्न कैसे हो गया।
कौन बला थी जो जहर घर- घर बो गई,
आह! मेरे देश की ये कैसी दशा हो गई।
इन्सान के खूँ से देखो इन्सान सना हुआ,
इंसानियत टूट कर कब और क्यों रो गई।
आह! मेरे देश की ये कैसी दशा हो गई,
भाई-भाई के खून का प्यासा हुआ कब।
सुख की आबो हवा नवल कहाँ खो गई,
आह! मेरे देश की ये कैसी दशा हो गई।

शिक्षक

जो बच्चों के साथ हँसते और हँसाते हैं
जो बच्चों को कहानी-कविता सुनाते हैं
जो कक्षा में बच्चों के साथ आनंद लेते हैं
बच्चों को खेल-खेल में सीखने और
आपस में बतियाने का मौका देते हैं
जो कक्षा के बाहर बच्चों को लेकर जाते हैं
जो बच्चों के सीखने में संतुष्टि पाते हैं
जो बच्चों की रुचि के अनुसार कक्षा में काम करते हैं
जो परिवेश से सीखने का देते हैं मौका
और बच्चों के जीवन में खुशियाँ भरते हैं
जो नहीं खोजते है बच्चों की गलतियाँ,
बल्कि उनके साथ काम में खो जाते हैं
और आखिर में जो बच्चों के प्रति जिम्मेदारी निभाते हैं
अपने शिक्षण का हुनर दिखाते हैं
ऐसे ही लोग "नवल" शिक्षक कहलाते हैं

तेरी ज़ुल्फ़ें

रिम-झिम करती यह बरसात सुहानी सी लगती है,
घनघोर घटाएँ मदमस्त अदाएँ रूहानी सी लगती है।
दिल की उजड़ी बगिया में कौन चाँद सा आ निकला,
भीगा-भीगा ये तन ख़ुशबू जानी पहचानी सी लगती है।
झीना-झीना आँचल जब तेरे गोरे बदन से लिपट गया,
आँचल से झलकता आँचल एक निशानी सी लगती है।
हवा की खनक,फूलों की महक,कोयल की चहक पिए,
टिप-टिप करती बारिश की धुन प्रेम कहानी सी लगती है।
तेरी ज़ुल्फ़ें, तेरा कजरा, तेरे अधरों की यह सुन्दर लाली,
इस सुन्दरता के पीछे 'नवल' दुनिया दीवानी सी लगती है।

हौसलों से उड़े

बहुत कम उम्र में हम घर से निकले,
लौटे ना वापिस जब दर से निकले।
दुनिया को अपना बसेरा कर लिया,
उधर से निकले या इधर से निकले।
हम हौसलों से उड़े पाने को मंज़िल,
जहां वाले पाँव-पाँव डगर से निकले।
बुलबुले सा बिखरना नहीं था मंजूर,
निकले तो समुद्र की लहर से निकले।
"नवल" ठोकरों से सीखते रहे उम्र भर,
जब भी हम किसी सफर से निकले।

इकलौता वादी

मैं तूफ़ानों के संग संग चलने का आदी हूँ,
सुनो मैं अपने समय का इकलौता वादी हूँ ।
फूलों की नहीं चाह, मुझे काँटें ही भाते हैं,
दुर्गम रास्ते सदा चलने की चाह बढ़ाते हैं।
मुझको दुनिया ने जब आगे बढ़ने से रोका,
हर दुविधा को बनाया मैंने एक नया मौका।
अवरोध बिना क्या संभव है प्रगति करना ?
रुक जाने पर क्या संभव है ये गति करना ?
अवरोध राह में आए तो कहो मैं कब रुका ?
लोगों ने जाल बिछाए तो कहो मैं कब झुका ?
"नवल" हिम्मत से हर विघ्न को मैंने टाल दिया,
संकटों को लगा अपने गले और हलाल किया।

निराशाओं के पार

जब जब घोर निराशा ने घेरा,
गया हार कर यत्न अपार।
अपना दीपक आप बना,
देखा मैंने निराशाओं के पार।
जब जब जीवन बना चुनौती,
छाया चहुँ ओर अन्धकार ।
कदम कदम पर कर रोशनी,
देखा मैंने निराशाओं के पार।
जब जब मेरे कदम डगमगाए,
मचा हुआ था भीतर हा हाकार।
खुद को ख़ुद से पकड़ झिंजोडा,
देखा मैंने निराशाओं के पार।
जब जब आई विपदा घर भर,
और फँसा मैं बीच मझधार।
नैया खुद की खुद ही खैता,
तूफ़ान भी मुझसे जाते हार।
देखा मैंने निराशाओं के पार।

तेरे इस शहर में

जब से मैं तेरे इस शहर में आया हूँ,
जाने कितनों के दिल जला आया हूँ।
एक तू है कि मिलती ही नहीं मुझसे,
सोचता हूँ क्यों बेवजह चला आया हूँ।
आया हूँ जबसे नज़दीक तेरे सनम,
बलाएँ अपनी सारी यूँ टला आया हूँ।
हीरे मोती तो अब भी नहीं ला सका,
फिर तेरे लिए वही दिल भला लाया हूँ।
"नवल" सिर्फ़ प्यार करता था मैं उससे,
नफ़रते सारी की सारी जला आया हूँ।

बैर धुल जाए

हवा में हो ख़ुशबू फ़िज़ा में प्रेम घुल जाए,
अन्याय मिटे और सबके दिल खुल जाएँ।
बादल इस तरह जम कर बरस जमीन पर,
वतन से नफरतें मिटे दिलों से बैर धुल जाए ।
गले लगें हर कोई आपसी दुश्मनी भुलाकर,
सदा के लिए जाति- धर्म का भेद भूल जाएँ।
इन्सान का इन्सान से हो भाई चारा जहां में,
आओ सब एक दूसरे की बाहों में झूल जाएँ।
बहे ना रक्त किसी का सब जिंदाबाद हो "नवल",
काँटें हो न किसी की राह बस बिछ फूल जाएँ।

बेवजह

उनके श्राप से हम शापित हुए,
लो फिर बेवजह आरोपित हुए।
उनकी चापलूसी कर ना सके,
इसलिए सब काम बाधित हुए।
ख़ासम- ख़ास थे संपादकों के,
वो ही बार - बार सम्पादित हुए।
बेनाम रहे वो पाकर सब कुछ,
हम ईमान के नाम चर्चित हुए ।
खपते रहे खुद-ब-खुद "नवल",
कब हम किसी पे आश्रित हुए।

इन्सानियत

ना कोई मजहब होता ना धार्मिक पर्व होता,
खास इंसानियत के नाम पर हमें गर्व होता।
अल्लाह का ज़िक्र होता ना रामलीला होती,
मक्का मदीना होता ना गंगा कोई पाप धोती।
मानवता की रस्में, इन्सानियत के मेले होते,
गले लगते आपस में कोई न अकेले होते हैं।
दीवाली के धमाके होते ना बकरे कुर्बान होते,
ना मैं हिन्दू होता दोस्त ना तुम मुस्लमान होते।
सरहदें ना होती दुनिया में सब एक जहान होते,
कितना अच्छा होता "नवल" हम सब इंसान होते।

प्रेम का रोग

इक नजर मुझ पर डाल कर तो देख,
प्रेम का रोग तू भी पाल कर तो देख।

आऊँगा तुझे भी मैं ही मैं नज़र सनम,
खुद को मुझ में जरा ढाल कर तो देख।

मैं दरिया हूँ मुझ में समाए हुए मोती हैं,
आ कभी मुझ को खँगाल कर तो देख।

तिरछी नज़र से देखते रहे हैं लोग मुझे,
तू भी जरा नजरे सम्भाल कर तो देख।

लिखता रहा तुम पर शायरी बेमिशाल,
"नवल" कभी तू यह कमाल कर तो देख।

नहीं है फुर्सत

जिस दिन दुनिया के सभी धर्म और सम्प्रदाय के लोग
साफ-साफ कह देंगे अपने देवी- देवताओं
पीर- फकीरों और पैगम्बरों से
कि वे खुद बनाएँ अपने मन्दिर- मस्ज़िद,
चर्च या गुरूद्वारे, क्यों फिरते हैं किसी टेन्ट, तम्बू
या मक्का- मदीना और मरुस्थल में मारे- मारे
खुद लड़ें अपनी लड़ाइयाँ हम तो ख़ुद हैं अपने गमों के
मारे, नहीं है हमारे पास कोई चन्दा या धन
या कि जकात देने को तुम्हें
भरने हैं हमें अपने नौनिहालों के पेट
खरीदनी है बुजुर्ग माता- पिता के लिए दवाई
है राम ! है अल्लाह ! है वाहे गुरु !
तुम क्या जानो हम मुफलिसों का दर्द
जाके पैर फटी ना बिवाई, वो क्या जाने पीर पराई
क्या कभी किसी पीर या पैगम्बर ने
या किसी ईश्वर या अल्लाह ने की किसी किसान के
साथ मिलकर खेत की कटाई ?
या लुहार के लोहे की तपाई ?
या किसी पिंजारे की रजाई की पिनाई ?
या किसी जुलाहे के कपड़े की बुनाई ?
नहीं ना ! तो जाओ हमें भी नहीं है फुर्सत तुम्हारे लिए

है राम !

है राम ! तुम्हारी प्राण प्रतिष्ठा से
हर गरीब को खाना मिल जाए
बलात्कारियों के कलेजे पिघल जाए
तो "नवल" हम भी अयोध्या आएंगे
है राम ! तुम्हारी प्राण प्रतिष्ठा से
अगर दूर हो वतन की लाचारी
गर ख़त्म हो वतन की बेरोजगारी
तो "नवल" हम भी अयोध्या आएंगे
है राम ! तुम्हारी प्राण प्रतिष्ठा से
अगर खत्म हो वतन की महंगाई
मिट जाए लफंगों की लफंगाई
तो "नवल" हम भी अयोध्या आएंगे
है राम ! तुम्हारी प्राण प्रतिष्ठा से
गर कायम हो वतन में भाईचारा
गूँजे हर सिम्त जय हिन्द का नारा
तो "नवल" हम भी अयोध्या आएंगे!
है राम ! तुम्हारी प्राण प्रतिष्ठा से
हर सीता की इज़्ज़त बच जाए
मानव मानवता के लिए खप जाए
तो "नवल" हम भी अयोध्या आएंगे!

है राम ! तुम्हारी प्राण प्रतिष्ठा से
गर शासक को सद बुद्धि आए
संविधान की रक्षा का प्रण उठाए
तो “नवल” हम भी अयोध्या आएंगे

अंगारे

लो मैं लाऊँ गीता तुम कुरान लाओ,
हैं जितनी हदीस और पुराण लाओ।

लगा दो आग इन सब में एक साथ,
गर बच पाएँ तो इनमें ईमान लाओ।

इन्सान को इन्सान जो समझते नहीं,
उजाड़े ये दीन-धर्म की दुकान लाओ।

आओ सजा दें इन मजहबी दरिंदों को,
लोकतंत्र के शमशीर-तीर कमान लाओ।

"नवल" लगा दें आग उस हरेक शय को,
उगलती है जो अंगारे वो ज़ुबान लाओ।

बतलाओ हरिया

ओह ! बतलाओ हरिया घर पर सब कैसे हैं,
क्या बूढ़े दादू के पास बचे बीड़ी के पैसे हैं।

सब की सुनाते अपना भी तो हाल सुनाओ,
क्या गुजरी और कैसे बीता यह साल बताओ।

थोड़ा लेखा जोखा बताओ अपनी आय का,
जो चर गई खेत क्या हुआ उस नील गाय का।

आओ उस चरी फ़सल का कुछ दुख तो बोलो,
माना पीर घनेरी है पर अपना मुख तो खोलो।

सब पता है ज़ालिम रात पूस की फिर से आई है,
फसल लहराई या नील गाय ने फिर से खाई है।

अब फिर करोगे वही किसानी या कि मजदूरी,
कुछ तो पड़ेगा करना जीवन जीने की मजबूरी।

आ भी जाओ

समाए हो तुम इस क़दर इन निगाहों में,
आ भी जाओ सनम अब हमारी बाहों में।

सुनो मुद्दतों से इन्तजार था हमें तुम्हारा,
कब से बैठे हैं पलके बिछाए इन राहों में।

बैचैन है चकोर चांदनी से मिलन के लिए,
होता गहरा असर इन जुदाई की आहों में।

तुम्हारे थे तुम्हारे रहेंगे हम ए जाने ज़िगर,
लुटा बैठे हैं सब कुछ तुम्हारी ही पनाहों में।

हुस्न वालों को सदा अपने दिल में बसाया,
“नवल” जिंदगी गुजारी हमने इन गुनाहों में।

ज़िन्दगी

मेरी जान कुछ ध्यान कर,
ज़िन्दगी मेरी आसान कर।

मोहब्बत की चाहत है बस,
पूरा मेरा यह अरमान कर।

जानता समझता सब है तू,
मत खुद को अनजान कर।

रख मुझको पहलू में अपने,
आ कभी ऐसा धनवान कर।

तूने अभी मुझे समझा ही कहाँ,
"नवल" आ मुझसे पहचान कर।

अक्षर दो चार लिख

महंगाई के कारण मचा देश में,
हा हाकार लिख।
बहता निर्दोष का खून और मजलूम पर,
हो रहा वार लिख।
किसके हाथ में है कलम और किस के हाथ में हैं,
त्रिशुल और तलवार लिख।
हो अन्त जुल्मी सत्ता का, ख़त्म हो इनका कारोबार
लिख ।
मुस्कुराती दुनिया हो, युद्धों का विनाश हो,
तू भंवरों का गुंजार लिख।
मजलूमों और शोषितों को न्याय मिले,
भ्रष्ट सत्ताधीशों का अहंकार लिख।
जो देखा है वह सत्य लिख।
गूंगे की आवाज लिख।
जो हम दर्द रहा रियाया का,
उसका अहसान हर बार लिख।
प्रेम की ही बयार चले हर घर खुशियाँ हो,
"नवल" ऐसे अक्षर दो चार लिख।

अकेला

अकेला पाखण्ड से भिड़ जाने के लिए काफी हूँ,
इन्सान हूँ इस नफरती जमाने के लिए काफी हूँ।

इस्तकबाल है साथ तुम देना चाहो सच के लिए,
वरना झूठ की धज्जियां उड़ाने के लिए काफी हूँ।

तुम करो दुश्मनी और फैलाओ आग नफ़रत की,
मैं नफ़रती इस आग को बुझाने के लिए काफी हूँ।

तुम सुलाओ खिलाकर अफीम धर्म की लोगों को,
मैं इस धर्मांध जमाने को जगाने के लिए काफी हूँ।

जो भटक गए अपने संवैधानिक दायित्वों से आज,
भूले भटकों को “नवल”राह पे लाने के लिए काफी हूँ।

हमारी कहानियाँ

हमारी कहानियाँ हर एक अनजान तक पहुँची,
जिन्हें थी सुननी मगर न उनके कान तक पहुँची।

हम इश्क करते रहें उनकी यादों से इस क़दर,
हमारी इल्तिज़ा अगरचे आसमान तक पहुँची।

वस्ल की चाह हम दिल में दफ़न करके सो गए,
कोई आरजू हुई न पूरी नहीं वरदान तक पहुँची।

जुदाई की शब और शाम बस तन्हाई में गुजरी,
अधूरी हसरतें हमारी न कभी अरमान तक पहुँची।

मूसलाधार बारिश हुई जब फूंका गया हमारा मुर्दा,
देखो बद दुआएं "नवल" उनकी श्मशान तक पहुँची।

भेड़िए की खाल

सिर पर जो बचे हैं दो चार बाल दोस्त,
हो सके तो जरा इनको सम्भाल दोस्त।

माना कि खाना कमाना मजबूरियाँ हैं,
परेशानियों को तू हँस कर टाल दोस्त।

जीवन जी मजे से मत होड़ा- होड़ कर,
बना रखा है तूने क्या अपना हाल दोस्त।

दिन रात मेहनत जरूरी है जीने के वास्ते,
ये जीना होता जा रहा तेरा मुहाल दोस्त।

इंसान था "नवल" इंसान बनकर रहना सीख,
फैंक दे उतार कर भेड़िए की खाल दोस्त।

आ प्रिय

आ प्रिय तुझे मैं कँवल लिखूँ ,
ले नाम तेरे इक गज़ल लिखूँ।

हीर, मीरा या मुमताज़ नहीं,
आ इश्क दा ताजमहल लिखूँ।

जितना चाहे चुरा ले दिलों को,
कभी ना इसे तेरा छल लिखूँ।

तू झरना मेरी प्रीत ओ प्रेम का,
तुझे बहता निर्मल जल लिखूँ ।

दिल वालों के दिल का दुश्मन,
"नवल" आज लिखूँ न कल लिखूँ।

तुम ही ज़िगर में

प्यार तुमसे कितना है बता जताऊँ कैसे,
तुझ बिन मैं अपने दिल को लगाऊँ कैसे।

तुझ से ही तो है यह वजूद मेरा जाने मन,
बिन तेरे बता मैं कहीं पे भी चैन पाऊँ कैसे।

बसी हो इक तुम नज़र में तुम ही ज़िगर में,
हर पल रहती हो खयालों में भुलाऊँ कैसे।

तेरे बिना वीरान सा है मेरे दिल का चमन,
बता बिन तेरे अपने दिल को बहलाऊँ कैसे।

इब्तिदा हो तुम ही मेरे प्यार की इस जहान में,
“नवल” किस्सा ए उल्फत सब को सुनाऊँ कैसे।

ये औरतें

पाखंडियों के स्वर में स्वर
मिला रही हैं कुछ औरतें
जिन पाखंडियों ने आज तक
उन्हें किसी मन्दिर की पुजारी,
किसी मस्जिद की मौलवी और
किसी चर्च की पादरी होने के
लायक तक नहीं समझा
आज उन्हीं के चरणों में
गिड़गिड़ा रही हैं कुछ औरतें
और जिस संविधान की बदौलत
सरकारी कुर्सियों तक पहुँची हैं कुछ औरतें
वे भी सबसे आगे खड़ी दिखती हैं
पूजने को चरण पादुकाएं इन पाखंडियों की
और स्वर में स्वर मिलाकर
करती हैं पाखण्ड का झण्डा बुलन्द
क्या कभी संविधान के दायरे में सोचेंगी ये औरतें
है ना कमाल ये औरतें !

उसकी कलाइयाँ

रोटियां बेलते हुए कभी-कभी

याद आती हैं मुझे उसकी कलाइयाँ

और माथे से गुजर कर अधरों को

चूमने का असफल प्रयास करती हुई लट

इस लट को फिर से अपने कानों में

पिरोने का गज़ब का हुनर है उसके पास

जब लगाती है वो दाल में तड़का

तो महक उठता है घर भर और खिल उठती है उसके

अधरों पर मनमोहक मुस्कान और बलि बलि जाता हूँ मैं

उस पर जब वह कोसती है अपनी बाजू में

फिर से अपने लटकते हुए पल्लू को

उसी से सीखा है मैंने खाना बनाने का हुनर

जो आज भी वक्त बेवक्त काम आता है मेरे

और दक्ष होता जा रहा हूँ मैं खाना बनाने में भी

उतना ही जितनी शिद्दत से बना लेता हूँ कविता

दुनियादारी

देख ली हमने ये दुनियादारी,

सब के सब निकले व्यापारी।

कोई किसी का सगा नहीं है,

करते सब के सब मक्कारी।

ना किसी से अपनी दुश्मनी,

नहीं किसी से है अपनी यारी।

कौन हमेशा यहाँ रहने वाला,

जाएंगे सब के सब बारी-बारी।

मौत अटल सत्य सबको आनी,

करके रख "नवल" अपनी तैयारी।

चार दिन

अपने होने को यूँ भी न लजाया करो,
बात-बात पर तुम पत्थर न उठाया करो।
दीन- धर्म ही सब कुछ नहीं होता भक्तों,
इन्सानियत पर भी भरोसा जताया करो।
यूँ बहका ना करो मौलवियों की बातों में,
कभी तो अपना भी दिमाग लगाया करो।
जन्नते- हूर के ख़ालिस ख़्वाब छोड़कर ,
अपनी महबूबा को गले से लगाया करो।
लिखते हैं वतन की खुशहाली के किस्से,
आगे बढ़कर हमारा हौंसला बढ़ाया करो।
चार दिन का ही तो खेल है जमीन पर,
आसमाँ पर "नवल" क्यों वक्त जाया करो।

झौपड़ी

अमरुदों के मौसम में बारुदों की बू आए,
पंथ निरपेक्ष देश में धर्म ग्रंथों की लू छाए।
झौपड़ी ग़रीब की जब महलों से डर जाएँ,
बहिनों का हो बलात्कार और शर्म मर जाए।
बाबा,पादरी ओ मौलवी अंध विश्वास फैलाएँ,
अल्लाह ओ राम से खौफ का मंजर लहराए।
गली-गली में गुण्डे घूमे और गरीब डर से थर्राए,
मनुवादी यहां चालें खेलें गरीब की रोटी खा जाएँ।
गाँधी के हत्यारों के गीत जहां बेशर्म नेताजी गाएँ,
“नवल” ऐसे में कैसे हम गणतंत्र का उत्सव मनाएँ।

पतरा देखो ना

क्यों देश का ये हाल हुआ है पतरा देखो ना पण्डित जी,
क्यों सेठ मालामाल हुआ है पतरा देखो ना पण्डित जी।
सदियों से हम लुट रहे हैं मंदिर - मस्ज़िद के झगड़ों में,
क्यूँ सत्ता का यह हाल हुआ है पतरा देखो ना पण्डित जी।
भेदभाव, अत्याचार बढ़ा और महंगाई ने आसमान छुआ,
क्यूँ न इनका बाँका बाल हुआ है पतरा देखो ना पण्डित जी।
शान्ति, वैभव और भाईचारे का यह देश हमारा प्यारा था,
क्यूँ नफ़रत से ये लाल हुआ है पतरा देखो ना पण्डित जी।
दिन ओ महीने सब कट रहे थे आनन्द और खुशहाली से,
क्यूँ इतना भारी साल हुआ है पतरा देखो ना पण्डित जी।

मानवता

तुम पाखण्डी तो होना मत,
धर्मांधों के आगे रोना मत।
बाबा दिखाए चमत्कार तो,
विचलित होकर खोना मत।
मानवता से प्यार निभाना,
नफ़रत दिल में बोना मत।
रखना नजरिया वैज्ञानिक,
अंधविश्वासों को ढोना मत।
आँख खोलकर रहना हरदम,
"नवल" जगत में यूँ सोना मत।

बखेड़ा

लगे हैं वे कोई नया बखेड़ा कराने में,
धर्म के दलाल लगे हैं दंगा कराने में।
उदास सी एक गाय कल मुझसे बोली,
शर्म आती है भक्तों की माँ कहलाने में।
कुछ लोग मर गए हैं क्या अपनों में से,
अच्छा छोड़ो चंद रुपये दे दो हर्जाने में।
कौन मुद्दा गंभीर हो गया है पता करो,
क्या हर्ज होगा एक और लाश गिराने में।
वो पुश्तैनी नेता यूँ ही थोड़ी ना बन गए हैं,
शरमाते नहीं जरा लोकतंत्र को लजाने में।
इस हद तक गिरे हुए लोग भला क्यों हैं,
सोचते नहीं पल भर भी वतन जलाने में।
इश्क़ में भी यहां धर्म देखा जाने लगा है,
जान कर रो पड़ा "नवल" इस जमाने में।

सच

हमने सच बोला तो बुरा मान गए,
मुँह अपना खोला तो बुरा मान गए।
दावा जो करते थे सच्चाई पसंदगी का,
हमने उन को तोला तो बुरा मान गए।
कहते थे जब चाहे परखिए हमें आप,
जरा उन्हें टटोला तो बुरा मान गए।
वो ख़ुद मिला करते हैं गैरों से टूटकर,
दिल हमारा डोला तो बुरा मान गए।
फ़कीर ओ फकीरी से हुआ उन्हें लगाव,
"नवल" उठाया झोला तो बुरा मान गए।

प्यार की पतंग

सबको गले लगाकर उड़ाएँ प्यार की पतंग,
सोए हुए को जगाकर उड़ाएँ प्यार की पतंग।
ताययद* की तीरगी* फिसरी हुई है चहुँ ओर,
आओ अंधेरा भगाकर उड़ाएँ प्यार की पतंग।
ना किसी को दें दगा ना किसी का छीने हक़,
सभी से हम वफाकर उड़ाएँ प्यार की पतंग।
वतन के लिए जिएँ और वतन के लिए मरें,
फर्ज़ अपना अदाकर उड़ाएँ प्यार की पतंग।
गले लगाएँ मजलूमों और बेसहारों को "नवल",
प्यार दिलों से जताकर उड़ाएँ प्यार की पतंग।

ताययद*=भेदभाव , तीरगी=अंधेरा

नहीं समझोगे तुम

नहीं समझोगे तुम
कि मैं क्यों व्याकुल हूँ
मेरी चिन्ता सिर्फ तुम्हारे
लिए ही नहीं है
अपितु उन आने वाली
पीढ़ियों के लिए भी हैं
जो कर दी जाएंगी पंगु दिमाग़ और सोच से
इस क़दर कि उनको
बैर, नफ़रत और दुश्मन
के सिवा कुछ नहीं दिखाई देगा
हाँ यह प्रेम, सौहार्द और
भाईचारा जैसे शब्द
तिरोहित हो जाएंगे
उनके दिमाग़ और
शब्दकोश से एक दिन
यह दुनिया नाहक अरण्य
होगी जिनके बिन

मेरी कविताएँ

मेरी कविताएँ उनके लिए नहीं है, जो लिखते हैं
शिक्षा विभाग और सत्ता के लिए किताबें
जो करते हैं स्कूल-कॉलेज के पाठ्यक्रम तैयार
या जो पुरस्कार बाँटते हैं
नवाजते हैं तमगों से कवियों को, औढ़ाते हैं साल
दुशालें, थमाते हैं श्रीफल हाथों में
मेरी कविताएँ सिर्फ़ यूनिवर्सिटी, पुस्तकालयों या
शोधार्थियों या अकादमियों के लिए भी नहीं है
मैं चाहता हूँ कि मेरी कविताओं को
जाने दो उन लोगों के बीच जिनको जरूरत है इनकी
और जिनके लिए लिखी गई, जो जानते हैं कविता
की गहराई, जो जानते हैं कि कविता, तोड़ देती है
भाषा, रंग, जात और धर्म की दीवार, अपने अन्दर
की ज़मीन और बह निकलती है, नदियों और समुद्र
की तरह
जितने दरवाजे खोल सकते हो खोल दो,
मेरी कविताओं के लिए, बहने दो इन्हें किसी नदी
और समुद्र की तरह इस जहान में

हसीना

कभी तो आप हमारे दिल का ख्याल रखिए,
लुटा बैठे तुम पर ही इसे जरा संभाल रखिए।
रख नहीं पाते हैं खुद पर काबू हम ऐ हसीना,
मत अपने पैरहन का रंग सुर्ख़ ए लाल रखिए।
एक हमारी ही तो नजरे इनायत नहीं तुम पर,
देखता है जमाना भर कुछ तो कमाल रखिए।
देख कर मुख चन्द्र तुम्हारा खुश रहते हैं हम,
अपने आपको हमारे लिए यूँ खुशहाल रखिए।
गज़ब ढाती हैं नागिन सी यह जुल्फें तुम्हारी,
कीजिए तौबा मत पेशानी पर ये बाल रखिए।

सुनो

सुनो अब तुम्हारे लिए हम रोज लिखेंगे,
किस्सा- ए- गम या फिर मौज लिखेंगे।
महका सा जो रहता है गुलाब की तरह,
उस चेहरे का नूर या फिर ओज लिखेंगे।
हयात ए नूर यूँ तो हमेशा से रहे हो तुम,
सनम हम तुम्हें अपनी नई खोज लिखेंगे।
अमावस और पूनम की बात ही क्यों करें,
सनम हम आपको चान्द-ए-दोज लिखेंगे।
रखेंगे तुम्हें सदा के लिए दिल में सजो कर,
"नवल" कभी ना अब दिल का बोझ लिखेंगे।

हमारा प्यार

शीतकालीन छुट्टियों में और पका हमारा प्यार
रोज साथ बैठकर ली सुबह- शाम चाय की चुस्कियां
चाय और प्रेम दोनों को पकाया कभी उसने
तो कभी मैंने सूरज की तपन में
सुना एक-दूसरे को और गहरे से बैठ धूप के साए में
फुर्सत के इन क्षणों में न काम का दबाव
और न कोई चिन्ता
पकता गया हमारा प्यार मीठे अमरूदों और
मीठी गजक के साथ और नज़दीक आए हम
ज्यों ज्यों सर्द हुआ मौसम
समाते चले गए एक दूजे में
एक मेक होती रही साँसे
घने होते चले गए प्रेम के बादल
घने कोहरे के आगोश में
भुलाये ना भूल पाऐंगे
यह पल, यह मौसम और
यह शीतकालीन अवकाश

गुलाब

उनकी जानिब से जवाब आ गया,
किताब में रखकर गुलाब आ गया।
निहारते रहे हमें जी भर भर कर,
हमने चाहा बीच में नक़ाब आ गया।
नादान थे हम समझ ही ना सके कि,
कब ओ कैसे उन पे शबाब आ गया।
गिला शिकवा करें तो किससे करें हम,
देखो यार अब जमाना खराब आ गया।
इश्क जब हुआ तो यूँ हुआ उनसे "नवल",
यह दिल उन पर क्यौं बेहिसाब आ गया।

आशिक़ी से परे

ए जिन्दगी अब तुझे पढ़ रहा हूँ मैं,
तेरे सवालों के जवाब गढ़ रहा हूँ मैं।
उम्र भर कूदता-फांदता रहा मंजिलें,
अब एक - एक सीढ़ी चढ़ रहा हूँ मैं।
लड़ खड़ाते कदमों से विचरता रहा,
अब संभल-संभल कर बढ़ रहा हूँ मैं।
आशिक़ी से परे भी है कोई दुनिया,
दुनिया वह लफ्ज़ों में मढ रहा हूँ मैं।
दर्द-ए-दिल की शिफ़ा छुपी जिनमें,
"नवल" उन रास्तों पर दृढ़ रहा हूँ मैं।

सत्य

कर लो जो कुछ भी करना है,
तुम डरपोकों से क्या डरना है।
चलाओ चाहे जितनी गोलियाँ,
एक दिन हम सबको मरना है।
नफ़रत को देते तुम धर्म बता,
पर करनी का फल तो भरना है।
ये जीवन एक प्रेम का सागर है,
कल- कल करता यह झरना है।
चाहे कितना झूठ फैलाओ तुम,
“नवल” को तो सत्य ही वरना है।

धोखा

देश की जनता के साथ धोखा हुआ साहिब,
विश्व गुरु बनना था हमको क्या हुआ साहिब।
महँगाई और बेरोजगारी बढ़ रही है दिनों दिन,
पेट्रोल के बढ़ते इन दाम का क्या हुआ साहिब।
तय किया था आपने चिरागा शहर भर के लिए,
अंधकार घर-घर समाया यह क्या हुआ साहिब।
शान्ति और प्रेम की रस धारा बहानी थी आपने,
तिरोहित हुआ भाई चारा यह क्या हुआ साहिब।
दैरो- हरम चाहे जितने बनाओ या ढहाओ "नवल",
पर गाँव-गाँव खुलना था स्कूल क्या हुआ साहिब।

अँधेरा

क्यों यह घन घोर अँधेरा है,
क्यों सहमा सा ये सवेरा है।
क्यों नभ थल दोनों चुप हैं,
ये सागर को किसने घेरा है।
क्यों नहीं पंछी चहक रहे हैं,
किसने यह जाल बिखेरा है।
किसकी चीखें थीं कौन मरा,
मरघट में ये किसका डेरा है।
ये तुझे पता है या मुझे पता है,
"नवल" किसने ये दर्द बिखेरा है।

आदेश

सत्ता का आदेश है कि जब भी जिस भी
रास्ते से गुजरे सत्ताधीश
फूलों की पंखुड़ियां हो कदमों तले
बा अदब बा होशियार होकर
उस रास्ते पर झुकाएँ जनता शीश
आदेश यह भी है कि काट दिया जाए
सत्ताधीशों के रास्ते में आने वाला हर वृक्ष
ढक दिया जाए हर मटमैला घर
उठा दी जाए ऊंची दीवारे
दिखाई न दें मलिन बस्तियाँ
और इन बस्तियों में रहने वाले लोग
दूर-दूर तक ना सुनाई दें विरोध के स्वर
इन्कलाब की आवाज़ें और वे सब
जिन्हें लगा है आज़ादी पाने का रोग
आदेश यह भी है कि जो माँग रहे हैं काम
अपनी मेहनत का सौ गुना दाम
उन काम चोरों को कहो कि
अयोध्या में हम ला रहे हैं राम
संवार रहे हैं चारों धाम

अगर अब हैं किसी के हाथ खाली
तो कहो उससे धर्म ध्वजा थाम
करें जय-जयकार हमारी
और लें चहूँ पहर हमारा नाम
कहो हर खास और आम से
हम हैं 'राष्ट्रवाद' के हिरो
हर सिम्त बज रहा हमारा ढंका
अमेरिका, रूस, इंग्लैंड, चायना
या फिर हो पड़ोसी देश श्रीलंका
हर कोई थरथराता है भारत के नाम से
बुलवाओ यही हर खास और आम से
भूख, गरीबी, मंहगाई कोई भी बढ़कर
नहीं होती 'राष्ट्रवाद' और प्रभु श्री राम से

किताबों की दुनिया

मैं लड़की हूँ तो क्या हुआ
मैं भी देखूँगी किताबों की दुनिया
मेरा भी मन है कि स्कूल जाऊँ
अम्मा को चिठ्ठी पढ़कर सुनाऊँ
ककहरा पढ़ूँ और मात्राएँ लगाऊँ
पापा को रुपए, पैसे गिनकर बताऊँ
जोड़-बाक़ी, गुणा-भाग में माथा खपाऊँ
मैं भी तो समझूँ ये हिसाबों की दुनिया
मैं लड़की हूँ तो क्या हुआ
मैं भी देखूँगी किताबों की दुनिया
ये धरती, ये सूरज, ये चन्दा और तारे
टिमटिमाते हैं कैसे ये जगमग सितारे
अम्बर में टँगे हैं ये किसके सहारे
इस ब्रह्माण्ड में और क्या-क्या छुपा है
घेरे रहते हैं मुझे भी ये प्रश्न ढेर सारे
चाहती हूँ इनके जवाबों की दुनिया
मैं लड़की हूँ तो क्या हुआ
मैं भी देखूँगी किताबों की दुनिया
उम्र मेरी तुम अब बाली न समझो
मुझे तुम अक्ल से खाली न समझो

हया की नाज़ुक सी डाली न समझो
मैं इन्सान हूँ मुझको गाली न समझो
समझती हूँ ये काँटों गुलाबों की दुनिया
मैं लड़की हूँ तो क्या हुआ
मैं भी देखूँगी किताबों की दुनिया
पाकर ही रहूँगी अब मैं भी शिक्षा
हक़ है मेरा समझो न इसे भिक्षा
चलाएंगे न पापा मेरे अब ये रिक्शा
मिलेगी मुझे भी वो "नवल" दीक्षा
अब मैं अपनी मंज़िल को पाकर रहूँगी
पाना है मुझे भी कामायाबों की दुनिया
मैं लड़की हूँ तो क्या हुआ
मैं भी देखूँगी किताबों की दुनिया

खुद को बदल

आ दोस्त समय के साथ खुद को बदल,
दक़ियानूसी रिवाजों से तू बाहर निकल।
चाहता है अगर यह जमाना जाए बदल,
इस वक्त के साँचे में अब तू भी तो ढल।
सहारे की न रख उम्मीद किसी से तू,
पैरों पर हो खड़ा और खुद ही सम्भल।
मुश्किलें, मुश्किलें हैं घबरा न इनसे तू,
हर एक मुश्किल का होता है यहाँ हल।
पाना है अगर तुझे अपनी मंज़िल "नवल",
आ संग कदम से कदम मिला कर चल।

अच्छा नहीं लगता

तुम्हारा यूँ जात धर्म पर इठलाना अच्छा नहीं लगता,
हर शेय को उसकी नेमत बताना अच्छा नहीं लगता।
प्रकृति ने जिसे बनाया उसे प्राकृतिक रहने दो लोगों,
हर बात पे ठप्पा खुदा का लगाना अच्छा नहीं लगता।
वो जमाने और थे जब मुंह-कान से बच्चे पैदा होते थे,
अब वह सफ़ेद झूठ वाला जमाना अच्छा नहीं लगता।
पैदा हुए हो जब दो हाथ, दो पैर लेकर इस जमीन पर,
नाम उसके यूँ भीख मांगकर खाना अच्छा नहीं लगता।
"नवल" पढ़े होंगे तुमने वेद, कुरान,गीता और बाइबिल,
पाखण्ड - अन्धविश्वास पर इतराना अच्छा नहीं लगता।

नास्तिकता

यह नास्तिकता बड़ी टेढ़ी डगर है,
वही आए जो आ सकता इधर है।
प्रकृति चलती है खुद ही से ख़ुद,
पगले कोई खुदा ना कोई ईश्वर है।
देवी- देवता ये ईश्वर ओ अल्लाह,
कल्पना हैं सब क्या तुझे ख़बर है।
इस कायनात को ना कोई बनाया,
ख़ुद ही होती यह शाम ओ सहर है।
रहो मिल जुलकर सभी प्रेम से यहाँ,
"नवल" पल दो पल का यह सफ़र है।

भगत सिंह

इस देश के हालात पर रोना आया,
पाखण्डी ख़यालात पर रोना आया।
देख भगत सिंह तेरे देश के ये युवा,
खेल रहे धर्म जात पर रोना आया।
सत्ता भ्रष्ट और जनता गई हैं भटक,
मुझे बस इसी बात पर रोना आया।
लचर व्यवस्था ओ तानाशाह सत्ता,
बस इनके इस साथ पर रोना आया।
पहचान न सके धर्म के दलालों को,
"नवल" देश संग घात पर रोना आया।

कहना पड़ा

कहते नहीं है लोग जो कहना पड़ा मुझे,
पाखंडियों से रोजाना यूँ लड़ना पड़ा मुझे।
मैं सुनता रहा,गालियां लोग बकते ही रहे,
यूँ दिल कभी कठोर भी करना पड़ा मुझे।
छोड़ तन्हा मुझे अपने सब मुख मोड़ गए,
सच के खातिर गैरों के संग रहना पड़ा मुझे।
चल डगर सत्य की तू सोच संभलकर चल,
इसी डगर पर अपमानों को सहना पड़ा मुझे।
सचमुच सच सुनने के आदि नहीं रहे हैं लोग,
कभी अपना लहज़ा “नवल” बदलना पड़ा मुझे।

तानाशाह

एक तानाशाह यूँ डरा हुआ है,
छल कपट से यूँ भरा हुआ है।
जब भी किसी ने सच बोला है,
घाव उसी का क्यों हरा हुआ है।
लोक तन्त्र में क्यों हिटलर शाही,
क्या जमीर खुद का मरा हुआ है।
एक अकेला कैसे सब पर भारी,
लो सब कुछ सर पर धरा हुआ है।
महिलाओं की जो करे न इज्ज़त,
नेता ऐसा क्या कभी खरा हुआ है।

कान

कच्चे अपने कान न रख,
झूठी अपनी शान न रख।
मिलजुलकर रह सबसे तू,
बेमतलब का मान न रख।
अपने दिल की बातें सुन,
गैरों पर अभिमान न रख।
तर्क आधारित जीवन जी,
पाखण्ड सा ये ज्ञान न रख।
गले लगा ले इन्सानियत को,
दंगाइयों से पहचान न रख।
सीख ख़ुद से खुद को गढ़ना,
"नवल" का ये अहसान न रख।

परदेश

परदेश भी हमको घर लगता है,
नहीं किसी से अब डर लगता है।
हर शक्स उसका सा है यहाँ पर,
ऐसा मुझ को अक्सर लगता है।
आ जाएँ दोस्त अपने मिलने तो,
हमको दीवारों में भी घर लगता है।
सदा नहीं रहेगा सफर साँसों का,
इनको रुकने में पल भर लगता है।
दिल की बातें यूँ गजलों में कहना,
"नवल" मुझको ये बेहतर लगता है।

फ्री का धान

हम रोज़गार माँगते हैं,
वे हमें राम थमा देते हैं।
हम ज़मीन माँगते हैं,
वे आसमान थमा देते हैं।
हम सम्मान माँगते हैं,
वे मुफ़्त का ज्ञान थमा देते हैं।
हम अधिकार माँगते हैं,
वे गीता, कुरान थमा देते हैं।
हम रोटी माँगते हैं,
वे मूर्ति बेजान थमा देते हैं।
हम शिक्षा माँगते हैं,
वे फ्री का धान थमा देते हैं।
हम इंसान होना चाहते हैं,
वे हिन्दू- मुस्लमान थमा देते हैं।

हुनर

आज - कल मैं सिर्फ़-और-सिर्फ़ काम करता हूँ,
फिर भी न जाने क्यों कुछ लोगों को अखरता हूँ।
कहते हैं कि यह बंधा पता नहीं कैसे जीता है,
न गुटका तम्बाकू खाता है न सिगरेट पीता है।
बियर बार और पब आदि में यह जाता नहीं है,
फिश पकौड़े ओ चिकन बिरयानी खाता नहीं है।
जिम करता नहीं स्विमिंग पुल में नहाता नहीं है,
खूब कमाता है पर पैसा पानी सा बहाता नहीं है।
न इसका कोई गॉड फादर न ये मस्का लगाता है,
चमचा गिरी करता नहीं फिर भी सबको भाता है।
पाखण्ड की उड़ाता धज्जियां वाही वाही पाता है,
बता भी दे भाई "नवल" यह हुनर कहाँ से लाता है।

उनके नाम

यह क्या कर डाला हाय मैंने क्या यह राम लिख दिया,
एक दिल था मेरे पास वो भी उनके नाम लिख दिया।
दिल जिन पर आया वो पूछ रहे हैं कि जिन्दगी है क्या,
उठा कर कागज़ कलम हमने उनका नाम लिख दिया।
जो सताते रहे हैं हमें उम्र भर जहाँ भर के गम देकर,
लो दुश्मनों के नाम मोहब्बत का ये पैग़ाम लिख दिया।
जाम पर जाम पिए हमने उन्हें भूलाने के लिए दोस्त,
भुला उन्हें,उनके ही नाम एक और जाम लिख दिया।
दीवाने हम उनके इस क़दर कब, कैसे हो गए दोस्तों,
उनको राधा और "नवल" ख़ुद को श्याम लिख दिया।

पिता

हमारे लड़कपन में मुमकिन नहीं था
पिता के बराबर में जाकर खड़ा होना
सो उनके संग फोटो तो भूल ही जाइए
उस जमाने के पिता ऊपर से बहुत
सख्त दिखाई दिया करते थे
लेकिन अन्दर से उतने ही नरम और मीठे
अगर समझा हो किसी बेटे ने
तो शायद याद आए उनकी विनम्रता और प्यार
आज पितृ दिवस के अवसर पर
जैसे महसूस कर पा रहा हूँ मैं

सताए हुए

जमाना जिनके लिए बाहें फैलाए हुए हैं,
वो हुस्न ए मलिका हमारे ठुकराए हुए हैं।
लोग देख रहे हैं उन्हें आँख भर-भर कर,
लो हम उनकी हर अदा से उकताए हुए हैं।
मोहब्बत के ये मसलें क्या हल होंगे कभी,
सभी मसलें हसीनाओं के उलझाए हुए हैं।
अब किसके लिए लाए हो वफ़ा के गुलदस्ते,
हम मोहब्बत की दुनिया से निकल आए हुए हैं।
रूबरू हो तब भी मिलने को दिल नहीं करता,
"नवल" बेवफाओं के हम इस कदर सताए हुए हैं।

रुख मोड़े

आओ जहरीली हवाओं का रुख मोड़े,
नफ़रत की इन दीवारों को अब तोड़े।
धर्म जात के मुद्दों पर क्यों तकरार करें,
आओ समता के लिए सब मिलकर दौड़े।
भूली- भटकी यादों का हम इज़हार करें,
गम के सारे गागर मिलकर आओ फोड़े।
फिर उजड़ी दुनिया को हम गुलज़ार करें,
टूटे हुए दिल ओ रिश्तों को फिर से जोड़े।
लग जाएं गले "नवल" सब आपस में अब,
क्या कहेंगी दुनिया इस चिन्ता को छोड़े।

कविता

वो कहते हैं कि कविता में सिर्फ कल्पना होती है
मैं कहता हूँ कविता में तर्क, तथ्य और समाज में
घट रही घटना और दुर्घटना भी होती है।
वो कहते हैं कि कविता सिर्फ़
स्वयं सिद्ध साहित्यकारों की बपौती है
मैं कहता हूँ ऐसा नहीं है, जो हो जाए कविता का
उन सबसे सृजित होती है
वो कहते हैं कि वही कर सकता है
कविता जिसकी जुबान पर
विराजमान सरस्वती होती है
मैं कहता हूँ कविता एक नास्तिक भी
कर सकता है, जिसके लिए
काल्पनिक माताओं से ज्यादा
अपनी ख़ुद की माँ बलवती होती है

दैरो-हरम

चुनाव है जनता को भरम में उलझा,
फिर भी ना माने तो धरम में उलझा।
जो हो रहा है सब करम का फल है,
लोगों को उन्हीं के करम में उलझा।
पुराने वादों को भूल चुकी है जनता,
आ मसला ए गरमा-गरम में उलझा।
जैसे भी चाहे चुनाव जीत कर दिखा,
बन कुछ सख़्त कुछ नरम में उलझा।
पाना है फिर से तुझे ताज ओ तख्त,
"नवल" जनता को दैरो-हरम में उलझा।

सच लिखने वाले

हमें पता है सच कहने वालों का क्या हाल हुआ,
तड़प - तड़प कर मरे हैं जीना तक मुहाल हुआ।
गेलिलियो, सुकरात, आर्कमिडीज सब मारे गए,
झूठों का इस दुनिया में बाँका न कोई बाल हुआ।
दाने - दाने को मोहताज हुए हैं सच लिखने वाले,
झूठा हर शख्स इस जहाँ में अब मालामाल हुआ।
कबीर,रैदास,दाभोलकर सब मारे गए उनके हाथों,
सत्य की चौखट पे देखो खड़ा हमेशा सवाल हुआ।
सच मर कर भी जिन्दा है और जिन्दा रहेगा हमेशा,
"नवल" चल सच की डगर क्या हुआ जो बवाल हुआ।

प्रकृति मुस्काई

मोर पपीहा बोल उठे, झूम उठे वन बाग।
मेघ मल्हार गाए और दादूर गए हैं जाग।

सावन की रिमझिम में यह धरा हुई हर्षित।
कृषक फूले न समाय हुआ धान अंकुरित।

बिजुरी चमके, घटा घिरे, मयूर नृत्य अति प्यारे।
चातक की पुकार सुन बिछ गए हैं धरा पर तारे।

नदी नाले भर गए, जल धारा में पंछी करे क्रीड़ा।
धन्य धरा ये हो गई, हर रही हर प्रेमी की पीड़ा।

पावस ऋतु आई है, लेकर खुशियों का संदेश।
“नवल” प्रकृति मुस्काई है, हरित हुआ परिवेश।

हरियाली का रंग

नवल सवेरे की आशा में,
नवजीवन की आस जगी।
हर दिशा में नव प्राची की,
और रश्मियों की डोर सजी।

हरियाली का रंग गहरा,
फूलों ने है महक बिखेरी।
पंछियों की मधुर तान में,
प्रकृति ने नई सुगंध फैरी।

नवल उमंग से भरा हुआ मन,
सपनों ने पंख लगाए।
उज्जवल भविष्य की चाह में,
आओ नए संकल्प बनाए।

आओ मिलकर कदम बढ़ाएँ,
नवल सुबह का स्वागत करें।
जीवन संघर्षों को पार कर,
नई राहों पर मिलकर कदम धरें।

जब होती बरसात

धरती-अम्बर मिलते हैं जब होती बरसात ।
सजनी पिए मिलन को जगती सारी रात।

ताल-कूप भर गए मिटी न मन की प्यास।
बैरन पुरवाई करती रही जाने किससे बात।

कोयलिया की कूह-कूह हिय लगाती आग।
साजन जी मेरे मन मगन हैं नौकरी के साथ।

यह सोंधी खुशबू आ रही माटी से फिर आज।
मैं साजन से दूर हूँ लेकर अपना मधुर गात।

बदरा नाचे झूमकर बूँदें देतीं छम-छम ताल।
आओ मेरे "नवल" सजन क्यों करते हो घात।

कोयल की कुहुक

आई बसन्त ऋतु, लाई उजास,
हरियाली ओढ़े, हँसती है घास।
कोयल की कुहुक, बागों में गूँजे,
कलियाँ भी खिलकर, गीत सुनाएँ।

सरसों के खेतों में सोना खिले,
मन में नई एक आशा मिले।
भँवरे गूँजें, फूलों पे मंडराएँ,
मधुर समीर मन को बहलाएँ।

अम्बर भी हँसकर रंगीन हुआ,
टेसू ने तन पर श्रृंगार किया।
होली का मृदंग बजे हर ओर,
खुशियों से छलके घर-बार पिया।

बसन्त का स्वागत हृदय से करें,
प्रकृति के रंगों में खुद को भरें।
खुशियों की बौछार, रंगों की धार,
बसन्त है सौन्दर्य का उपहार।

पक्षियों की चहचहाहट

पक्षियों की चहचहाहट, फूलों की मृदु मुस्कान।
इस हरियाली में छुपा है, जीवन का सच्चा गान।

पत्तियों की सरसराहट, पेड़ों की ये कोमल छाँव।
प्रकृति के इस स्नेह में, सजीव है हर एक ठांव।

हरी-भरी ये वादियाँ, बुलाती पर्वतों की गोद में।
सरिता की मधुर बयार, बह रही है हर मोड़ में।

नील गगन के नीचे फैला देखो ये अनंत संसार है।
प्रकृति का अनुपम दृश्य सजीवता का आधार है।

सूरज की ये सुनहरी किरणें, बिखेरती उजास है।
धरती के आंचल में बसा अनंत शांति का वास है।

चलो मिलकर संवारें हम सब इस धरा का हर रंग।
प्रकृति का करें सम्मान "नवल" जीवन में भरें उमंग।

पर्वतों की गोद में

हरी-भरी ये वादियाँ, पर्वतों की गोद में,
सरिता की मधुर बयार, बहती है हर मोड़ में।
नील गगन के नीचे, फैला ये अनंत संसार,
प्रकृति का ये अनुपम दृश्य, सजीवता का आधार।

पक्षियों की चहचहाहट, फूलों की मृदु मुस्कान,
हरियाली में छुपा है, जीवन का सच्चा गान।
पेड़ों की सरसराहट, पत्तों की कोमल छाँव,
प्रकृति के इस स्नेह में, सजीव है हर एक ठांव।

सूरज की सुनहरी किरणें, बिखेरती हैं उजास,
धरती के आंचल में, छुपा है शांति का वास।
बारिश की बूंदों से, धरा को मिलती संजीवनी,
प्रकृति की इस लीला में, दिखती है हर रसधार।

चलो मिलकर संवारें, इस धरा का हर रंग,
प्रकृति का सम्मान करें, जीवन में भरें उमंग।
रखें इसे सुरक्षित, आने वाले कल के लिए,
प्रकृति के प्यार में, सजीवता के हर पल के लिए।

नया साल

आया है फिर से नया साल लेकर,
ख़ुशी की सौगात बेहिसाब लेकर।

आसमान से चाँदनी झलकती है,
हर दिल में उम्मीद की बात लेकर।

भूले ग़मों को, बढ़ाए क़दमों को,
ज़िंदगी मिले नवल ख्वाब लेकर।

फूलों की महक से सजे ये रास्ते,
मंज़िलें बुलाएं इक जवाब लेकर।

आओ मिलकर करें नया आग़ाज़,
सपनों का ये रंगीन हिसाब लेकर।

जो बीत गया, उसे भूल भी जाएं,
आगे बढ़ें "नवल" किताब लेकर।

छोटी कविताएं

रिश्ते

जब तक स्वार्थ नहीं था
रिश्तों में महक हुआ
करती थी
रिश्ते अब भी बनते हैं
पर स्वार्थ की बुनाई से

प्रेम

निस्वार्थ और बिना शर्त था
हमारा प्रेम
जबसे पैदा हुई शर्तें
प्रेम भी सशर्त हो गया
फिर शर्तें न पूरी हुई
तो प्रेम ख़त्म हो गया

घमण्ड

पैदायशी था हम सबमें घमण्ड
शिशु अवस्था में शिशु था घमण्ड
युवा अवस्था में युवा हुआ घमण्ड
प्रौढ़ अवस्था में प्रौढ़ है घमण्ड
वृद्धावस्था में वृद्ध तो होगा
पर ज्यादा परिपक्व होगा घमण्ड

दर्द

प्यार में धोखा खाने वालों,
दिल में दर्द छिपाने वालों।
चला गया गर कोई छोड़कर,
दिल में फिर से कोई बसालो।
किसी एक के चले जाने से,
फिर किसी से दिल लगालो।
भरो मोहब्बत में हुंकार,
और किसी को गले लगालो।
यह जीवन सबक सिखाता है,
उठो "नवल" फिर मंजिल पालो।

मोहब्बत

कभी तो आ तू मुझसे मुलाकात कर,
ख्वाबों में ही सही कोई हसीं बात कर।

आता तेरा नाम इन होठों पर रात दिन,
आ अधर को अधर पर कभी साथ धर ।

तिश्नगी इस क़दर बढ़ रही दिन ब दिन,
कुछ बुझा इसे मेरे नाम कोई रात कर।

बस जा इस दिल में बनकर दिलरूबा,
फिर दे दगा या छिपकर कोई घात कर।

देखता हूँ तुझे मैं इंसानियत की नज़र से,
मोहब्बत में "नवल" न धर्म ओ जात कर।

बिछड़ने का गम

मेरी शायरी पढ़कर वो रोती तो होगी,
आंसुओं से नयन भिगोती तो होगी।

बिछड़ने का गम उसे सताता तो होगा,
मेरे ख़्वाब आँखों में संजोती तो होगी।

जब भी घटाएँ छाती होगी फलक पर,
उसे कमी मेरी महसूस होती तो होगी।

जब भी याद मेरी उसे तड़पाती होगी,
वो आँगन में आकर यूँ सोती तो होगी।

लिपटती होगी जब वो "नवल" सजन से,
वो मुझ में भी कुछ पल खोती तो होगी।

समुन्दर

गुलशन में ना खंजर तलाश कर,
नफरत तज ना पत्थर तलाश कर।

खुशियों का दरिया गर रूठा तुझसे,
तो दरिया छोड़ समुंदर तलाश कर।

बस्तियाँ जलाने का इरादा बदल दे,
बस्ती में अपनों का घर तलाश कर।

गिरा नफरत की दीवार गले लग जा,
मेरे संग मोहब्बत का दर तलाश कर।

संवार "नवल" तू किसी का जीवन,
मत बर्बादियों के भंवर तलाश कर।

औकात

अपनी औकात से ज्यादा कोई बात नहीं करता,
हो जाऊं फना इतना जाहिर जज़्बात नहीं करता।

कहीं गले पड़ न जाए राह चलती कमसीन कोई,
इसलिए हरेक हसीना से मुलाकात नहीं करता।

दर्द अक्सर सारा लुटा देता हूँ अपनी गजलों में,
दर्द-ए-दिल कभी किसी को ख़ैरात नहीं करता।

तेरे खयाल, तेरी यादें सब समेटे हुए हैं दिल में,
भूल से भी कभी किसी को सौगात नहीं करता।

करता हूँ जी तोड़ मेहनत अब इस कदर "नवल",
सुकूं से आती है नींद काली कोई रात नहीं करता।

भेजा है खत सीमा से

रोकर ना पढ़ना मेरे खत को, मैंने इसमें प्यार लिखा है।
भेजा है खत सीमा से, तेरे खत का इंतजार लिखा है।

लौट न पाऊँ गर सीमा से, मुझ पे ये कर्ज उधार रहेगा।
पढ़ना अबकी होली को, गोली वाला त्यौहार लिखा है।

माँ बाबा का हाल बताना, नन्हीं मुनिया की चाल बताना।
यार दोस्तो को बतलाना, अबकी फ़ोटो पर हार लिखा है।

करना तुम कोई बहाना, और मेरी बहना को समझाना।
दिला देना शादी का जोड़ा, कहना ये उपहार लिखा है।

अंतिम चिट्ठी लिखने को मुश्किल से ही ये साँस थमी है।
मर मिटना इस तरह वतन पर, सदा ही स्वीकार लिखा है।

लिखा रक्त से खत भेजा है, तन अपना लथपथ भेजा है।
चाहे जीवन अपना हार गया मैं, देश नहीं लाचार लिखा है।

मत टपकाना आँसू खत पर, रोकना अपनी अश्रु धारा।
सिन्दूर तेरा मिटा "नवल", माँ भारती का श्रृंगार लिखा है।

मोबाइल के नशे में चूर

बच्चे मोबाइल के नशे में चूर हो गए हैं।
पता नहीं क्यों सब रिश्तों से दूर हो गए हैं
स्कूल हो या घर, चाहे हो कोई डगर
मोबाइल बच्चों की आँखों के नूर हो गए हैं
हमारे समय की सबसे भयानक पीड़ा है यह
भयानक है इसे यहां इस तरह लिखा जाना कि
बच्चे मोबाइल देखते - देखते सो रहें हैं
वो दादी- नानी के किस्सों से कोसों दूर हो रहे हैं
आखिर प्यारे- प्यारे बच्चे मोबाइल में क्यों खो रहे हैं
क्यों दुनिया में खिलौनों से ज्यादा मोबाइल उत्पादित हो रहे हैं
क्या सारी की सारी दादियाँ और नानियां
काल कवलित हो गई हैं ?
क्या लोरी सुनाने वाली सभी माताएं लोरियाँ
सुन कर सो गई हैं ?
या फिर सभी की सभी किसी खेत, खलिहान, फैक्ट्री या
कारखाने में नौकर हो गई हैं ? और यदि पा भी गई हैं सारी
आबादी रोजगार ?
बच्चों के लिए नहीं बचा है समय और प्यार
तो क्या सारी गेंदें भी कालीदह समुद्र निगल गया ?

क्या सारी की सारी रंग-बिरंगी किताबों को

चट कर गई दीमक ?

क्या सारे बाग, बगीचे और खेल के मैदान खत्म हो गए

यकायक ?

सवाल पूछता हूँ मैं हर नौजवान माता, पिता और उस बूढ़े

पचपन से

क्या सबको ईर्ष्या होने लगी है खिलखिलाते बचपन से

क्यों षडयंत्र पूर्वक खत्म कर देना चाहते हैं बच्चों का बचपन

समय रहते करो कुछ यत्न कि बचा रह सके सबमें थोड़ा बचपन

सुखों की चाहत

सुखों की चाहत में मैंने,
कष्टों में जीना सिखा है।
तेरे इश्क में पागल हुआ।
दर्दे गम सहना सीखा है ।
क्यों नहीं तुम कह पाते हो,
अपने दिल की बातों को।
मैंने तो तुमसे ही प्रियतम,
सब कुछ कहना सीखा है।
आओ बढ़ाएं मिलकर कदम,
कब तक दूर रहेंगे तुम-हम।
प्रेम राह में मैंने अब तक,
नहीं पीछे रहना सीखा है।
अपने हसीं ख्वाबों में तुम,
मुझको बुलाकर तो देखो।
आ जाऊँगा पास प्रिय,
छिप-छिपकर तकना सीखा है ।
तेरे प्यार के खातिर मैं,
कितनी रातें जागा हूँ ।
"नवल" विरह वेदना में मैंने,
प्रियतम जगना सीखा है।

कानून

चेहरे से लगते जो भोले-भाले थे,
असल में वो दिलों के काले थे।
मजलूमों के जो हिमायती रहे,
वो छीन रहे गरीब के निवाले थे।

करते दावा था अंधेरा मिटाने का,
क्यों उन्हीं की कैद में उजाले थे।
चाक चौबंद बता रहे मुल्क को,
जनता को पड़ रहे जान के लाले थे।

सुनते थे इन्साफ़ के क़िस्से यहाँ,
पर कानून भी पैसों के हवाले थे।
कहते थे कि राम राज्य आ गया,
सबके घरों ओ ज़ुबाँ पर ताले थे।

हम सफ़र के थे, सफ़र में ही रहे,
इसलिए “नवल” पैरों में छाले थे।

घर-बंगले

घर-बंगले, कोठी आलीशान मिले,

ढूंढने पर भी उनमें न इंसान मिले।

कानाफूसी में व्यस्त हैं सबके सब,

यहाँ हर शख़्स के कच्चे कान मिले।

एक दूजे को गिराने में माहिर लोग,

झूठ के दम पर कैसे पहचान मिले।

नफ़रत की तो सब नफ़रती ही मिले,

शरीफ मोहब्बत के दरमियान मिले।

सुखी मिला नहीं कोई हमें "नवल",

सुविधा के सबके घर सामान मिले।

तू बाँहों में सँभाले

दिल में तस्वीर बनाकर सजा लें तुझको,

जाता है कहाँ आ अपना बना ले मुझको।

पूछता है क्यूँ तू मुझसे ये वफ़ा के मा'नी,

देख तेरी यह सादगी मार न डाले मुझको।

कल मैं आज सा रहूँ या ना रहूँ ए सनम,

जितना जी चाहे आज सता ले मुझ को।

पागल, प्रेमी, दीवाना या रहबर कहे कोई,

कोई भी नाम ले मेरी जाँ बुला ले मुझको।

गिरने को "नवल" मैय्यार से गिर जाऊँ मैं,

शर्त बस इतनी तू बाँहों में सँभाले मुझको।

बाहों में आकर देखिए

अपनी औकात इक बार देख लेना,

नफ़रतों पे जीतेगा प्यार देख लेना।

मुझसे दुश्मनी करने से पहले सोच,

दुश्मन आए- गए हज़ार देख लेना।

बाहों में आकर देखिए तो इक बार,

कर नहीं सकोगी इनकार देख लेना।

टूटेगा तेरा गुरूर ए हुस्न ए मलिका,

करोगी प्यार का इज़हार देख लेना।

निग़ाहें मिले जब "नवल" निग़ाहों से,

साँसों की अपनी रफ़्तार देख लेना।

अपनी रचनाओं के मोती

कुछ अपने थे, अपने पन से,
बहुत बार समझाए हमने।
जो स्वार्थ वश समझ न सके ,
तो आगे बढ़ ठुकराए हमने।

अपनी रचनाओं के मोती,
चहूँ ओर बिखराए हमने।
चुन-चुन उन्हें तुम उठा लेना,
सृजन फूल खिलाए हमने।

उनके दिए सब ज़ख्म सीए ,
दर्द सभी गले लगाए हमने।
मुस्कुराकर तब जीना सीखा,
जब भी ये नयन रुलाए तुमने।

विनम्रता से न जाने कितने,
हठीले लोग झुकाए हमने।
सबसे प्यार जताने को ही,
"नवल" किरदार निभाए हमने।

कोई बहाना

माना हमें प्यार जताना नहीं आता।
तुम्हें भी अंदाज़ा लगाना नहीं आता।
बहाने ही से सही आ जाते थे बाहों में।
क्यूँ याद अब कोई बहाना नहीं आता।
उसे भूलने का मैं हुनर सीख न पाया।
उसे भी मेरी यादें भुलाना नहीं आता।
अब मोहब्बत परवान चढ़े तो चढ़े कैसे।
उस पगली को नयन लड़ाना नहीं आता।
कभी पढ़ लिया करते थे हम ये आँखें।
"नवल" क्यूँ फिर वो ज़माना नहीं आता।

हमारा क्या है

पता नहीं क्या कर जाएं हमारा क्या है,
हम खुद ही पर मर जाएं हमारा क्या है।

रोने धोने आएंगे हम तुम्हारी मय्यत पर,
पर खा पीकर घर जाएं हमारा क्या है।

यूँ डरते नहीं हैं सरकारी मुलाजिमों से,
कभी खुद ही से डर जाएं हमारा क्या है।

ज़ालिम उतरे हमारे दिल से कई मर्तबा,
हम भी दिल से उतर जाएं हमारा क्या है।

“नवल” उम्मीद के दीप बुझा दे कोई तुफां,
तो राख बनकर बिखर जाएं हमारा क्या है।

इतनी जल्दी क्या थी

इतनी जल्दी क्या थी इस दुनिया से जाने की,
फुर्सत भी नहीं मिलने दी अपना दर्द सुनाने की।
कहो दुनिया छोड़कर अभी से तुम चले गए हो,
अभी ना जाने कितनी बातें थी तुम्हें बताने की।

यूँ बिना बताए चले जाना भी तो ठीक नहीं था,
अक्सर खबरें देते थे तुम अपने जाने-आने की।
क्यूँ बिछड़ने की ही बात तुम हमें बतला न सके,
करते थे सब बातें हमसे हर मंज़र वीराने की।

भूलेंगे ना तुमको इस दिल में बसाकर रखेंगे,
मीठी- मीठी यादें थी तुम संग इस याराने की।
अन्तिम समय बिना मिले चले जाना ठीक नहीं,
जरूरत क्या थी “नवल” यूँ हमको सताने की।

दो-चार जाम

मोहब्बत का इतना तो सिला दीजिए,
दो-चार जाम हमें और पिला दीजिए।

समझो हम मर चुके हैं तुम्हारे लिए,
मरे हुए को सनम फिर जीला दीजिए।

प्यार में तोड़े गए हैं जो शीशा ए दिल।
उन दिलों से यूँ टूटकर मिला कीजिए।

हमने न किसी से कोई शिकायत की।
सोच समझकर हमसे गिला कीजिए।

हुआ अब तलक जो दरमियां हमारे।
इक बुरे हादसे की तरह भुला दीजिए।

हम ठहरे हुए दरिया का पानी "नवल"।
हमें दिल और जान से हिला दीजिए।

सिक्का उछाल कर

तुमने क्या कमाल किया सिक्का उछाल कर,
हेड ओ टेल दोनों मेरे अब अपना खयाल कर।

उसने पूछा कि चाहते हो मुझे कितना सनम,
हमने रख दिया हथेली पे कलेजा निकाल कर।

मंज़िल अभी दूर है तो क्या हुआ पा ही लेंगे,
हम मुसाफ़िर हैं जो चलते हैं देख-भाल कर।

इतने भी कमज़ोर नहीं जितना समझ बैठे हो,
खा नहीं सकता कोई कोई हमें यूँ हलाल कर।

जब आशिक मेरा मुझे मिल ही गया "नवल",
बता अब क्या करूँगा ये समुन्दर खँगाल कर।

यार मेरा परेशान है

देख यार मेरा परेशान है शायद,
चेहरे पे गम के निशान हैं शायद।

अपने वादों से वह घिरा हुआ है,
दे दी किसी को जुबान है शायद।

पास बैठे मग़र गुफ्तगू न हो सकी,
फासले दोनों दरमियान है शायद।

पता नहीं क्यूँ थका सा रहता है वो,
जन्मों-जन्मों की थकान है शायद।

रहता था वो मेरे दिल में यूँ "नवल",
जैसे ख़ुद ही का मकान है शायद।

जैसे तू गई

तेरी तरह दिल कोई दुखाता नहीं,
जैसे तू गई वैसे कोई जाता नहीं।

माना कि जाना तो एक दिन था,
रहने दुनिया में कोई आता नहीं।

खाने वाले खा ही जाते हैं अक्सर,
पर ऐसे भी धोखा कोई खाता नहीं।

खोए हुए हम अपने ही खयालों में,
बेवजह हमें अब कोई जगाता नहीं।

सुना है मौत दबे पाँव आती “नवल”,
मौत को सीने से कोई लगाता नहीं।

नई भोर

नफ़रत है चार सू देखो जुल्मों का दौर है,
हिंसा और फसाद का देश भर में शोर है।

शासन, प्रशासन और कानून तक शामिल हैं,
देखते तो सब हैं पर करता नहीं कोई गौर है।

कब तक सहे हम इन झूठे कलमकारों को,
सच कोई लिखता नहीं ज़ालिम का जोर है।

आसमान में इन्कलाब का सूरज चमकेगा,
भीगी किसी की अभी पलकों की कोर है।

उम्मीद है फिर "नवल" इक नवीन राह की,
कभी तो आएगी वो नई सुबह, नई भोर है।

दर्द ए हालात

हमें कभी दर्द ए हालात ने सोने नहीं दिया,
थी बात कोई जिस बात ने रोने नहीं दिया।

चाहते थे हम कि दोस्त कराएं सुलहनामा,
दोस्तों ने हमें एक दूसरे का होने नहीं दिया।

तुम हममें और हम तुममें खोना चाहते थे,
तुमने हमें और हमने तुम्हें खोने नहीं दिया।

टक टकी लगाए बैठे थे हम राह में "नवल",
तक रहे थे राहें पर बाट जोने नहीं दिया।

चाहत थी चार सूं हो अमन, पर दुश्मनों ने,
प्यार की फसल तलक तो बोने नहीं दिया।

हटूँगा नहीं पीछे

ख़त्म कर दो चाहे तुम मुझे जान से,
हटूंगा नहीं पीछे अपने अभियान से।

इंसानियत के लिए मर भी जाऊंगा,
हर मुद्दा उठाऊंगा मैं मगर ईमान से।

जीवन अगर ज़हर तो हँसकर पीयूँगा,
कहो सुकरात कब डरा है विषपान से।

पाखण्ड की धज्जियाँ उड़ाकर रहूंगा,
चाहे ख़ुदको मिटाना पड़े बलिदान से।

चाहे लाख करो ज़ुल्म तुम जुल्मियों,
हर दीया डरता नहीं "नवल" तूफ़ान से।

सभ्य शिकारी

हैं वो कितने सभ्य शिकारी,
छुपकर ताक में बैठे हमारी।

तीर हो तो कलेजे के पार हो,
है उन पर ये बड़ी जिम्मेदारी।

मेरे दुश्मन भी क्या कमाल हैं,
सब निभा रहे हैं खुलकर यारी।

रोम-रोम में भरी हुई है नफ़रत।,
करते हैं मोहब्बत की बातें सारी।

यह सूरत उनकी माशा अल्लाह,
"नवल" ने अपनी सीरत संवारी।

अख़बार नहीं हूँ

मैं इतना लाचार नहीं हूँ,
दिमाग से बीमार नहीं हूँ।

क्यूँ आगे पीछे घूमूं तेरे,
कुत्ता कोई दुमदार नहीं हूँ।

अपने मन का मालिक हूँ,
मैं डरी हुईं सरकार नहीं हूँ।

झूठ की मुझसे उम्मीद न कर,
इंसा हूँ कोई अख़बार नहीं हूँ।

"नवल" अपनी रक्षा खुद करो,
मैं किसी का पहरेदार नहीं हूँ।

व्योमिका और सोफिया

व्योमिका और सोफिया ने जब
अपनी वर्दी पहनकर उड़ान भरी।
तो दोनों के जज्बों में तिरंगे सी फड़फड़ाहट
के साथ युद्ध की थरथराहट थी
अंधेरों की हदें पार करते हुए दोनों ने धरती
और आकाश की सीमाओं को नाप डाला था
महज़ डेढ़ घण्टे से भी कम समय में
सूरज के उगने से भी पहले उग आई थीं वे दोनों
एक साथ एक टैंक के ऊपर
दूसरी फाइटर प्लेन के नीचे
पहली बार जमीं और आसमां की
सरहदों ने घबराकर पूछा था दोनों से एक साथ
"क्या तुम हमें लांघ सकोगी ?" दोनों ने एक स्वर में
जवाब दिया कि जब समाज, मजहब और स्त्रित्व की
हर सरहद को पार कर चुकी हम तो तुम चीज ही क्या
हो ?
सुनो ! अब स्त्रियाँ ना केवल युद्ध लड़ेंगी,
बल्कि इतिहास भी रचेंगी।
कर्नल सोफिया और विंग कमांडर व्योमिका की बहादुरी
की गाथा सदियों तक गूंजेगी बनकर
एक हसीं दास्तां ।

तुम पूछ रहे हो जाति

वो पूछ रहे हैं धर्म तो तुम पूछ रहे हो जाति,
दोनों ही हो आतंकवादी शर्म क्यों नहीं आती।

देश को धकेला पीछे तुमने स्वार्थ को रखा आगे,
देश प्रेम रखते नेता जनता गीत समता के गाती।

सत्ता खातिर खून बहाते समझ सको तो समझो,
बने हुए दुश्मन क्यों नहीं नफ़रत दिलों से जाती।

लड़ते- झगड़ते रहने से ही हुए देश के दो टुकड़े,
रहते हम गर मिलजुलकर नफ़रत मुँहकी खाती।

एक कर रहा हिन्दू-मुस्लिम राजनीति के खातिर,
दूजा मारे दलित को "नवल" किसे लिखूँ मैं पाती।

वैज्ञानिक नज़रिया

इतना बड़ा बनना मत,
अहंकार से तनना मत।
प्यारे वतन का सर झुके,
कार्य तू ऐसा करना मत।

मानवता के लिए जीना,
अंध भक्तों से डरना मत।
भारत माँ की सेवा कर,
दायित्वों से भगना मत।

तान ये सीना आगे बढ़ना,
हार कभी भी वरना मत।
वैज्ञानिक नज़रिया अपना,
“नवल” मिथकों पे मरना मत।

तानाशाह

तानाशाह हमेशा डरा हुआ रहता है
दो गधे भी अगर मिलकर बात करें
तो तानाशाह डरेगा, वो दोनों गधों के बीच फूट डालो
और राज करो की नीति अपनाएगा
तानाशाह कोई भी अहसान यूँ ही नहीं करेगा
यदि तानाशाह ने तुम्हें पानी पिलाया है, तो निश्चित ही
वह तुमसे कुआं खुदवाएगा
तानाशाह का डर देश, दुनिया या टीम के हर आदमी
को लड़वाएगा और तब तक तानाशाह ये खेल खेलता
रहेगा,
जब तक तुम सब आपस में लड़कर मर न जाओ,
या फिर उसका डर मर जाए
मुझे यकीन है कि इस खेल में तानाशाह का
डर कभी नहीं मरता अपितु यह डर उस तानाशाह को
और तानाशाही बनाता है
यकीं नहीं हो तो किसी भी तानाशाह
की जीवनी उठाकर पढ़ लो।

युद्ध

मैं हर तरह के युद्ध के खिलाफ हूँ

युद्ध लील जाते हैं मानवता और शान्ति

सदियों की मेहनत और विकास

युद्ध लील जाते हैं बेगुनाह मासूमों की

अटखेलियाँ और मुस्कुराहट

चहूँ ओर होती है खतरे की आहट

युद्ध लील जाते हैं माताओं के लाल

बहिनों की राखी, मासूमों की गोद

सुहागिनों का "नवल" सिन्दूर

माँ ही दुःखी थी

वो हँस रहा है मेरा नुक़सान देखकर,
खुश बहुत है मेरा घर वीरान देखकर।

सारा जहाँ चहक रहा था मेरे हाल पे,
माँ ही दुःखी थी मुझे परेशान देखकर।

खार बिछाए थे लोगों ने मेरी राह पर,
मैं बढ़ता ही गया रास्ता वीरान देखकर।

खेल मेरे दिल से फिर सर उठा के चल,
दिल रो पड़ेगा तुझको पशेमान देखकर।

क़दम दर क़दम धोखा मिलेगा राहों में,
क़दम बढ़ाना "नवल" मेरी जान देखकर।

इश्क मेरा बस इतना ही था

मैंने देखा था एक सपना।
सपने में हुआ कोई अपना।
हम मिले प्यार की राहों में।
खो गए इक दूजे की बाहों में।

इक दूजे को हमने यूँ देखा।
फिर मिली करम की रेखा।
रोज मिलन और रोज थी चाँदी।
उमड़ पड़ी जज़्बातों की आंधी।

जँवा दिलों की जँवा धड़कन थी।
क्या बतलाऊँ क्यों अकड़न थी।
अरमाँ दिल में दोनों के पलते।
देख जमाने वाले भी जलते।

फिर इक दिन वो भी पल आया।
उसने लिपटकर मुझे बतलाया।
अब हर दिन में आ न सकूँगी।
लगता है प्रिय तुम्हें पा न सकूँगी।

लगी थी किसी की नज़र हमें।
प्यार में थे उसके कदम थमे।
कर आलिंगन मुझे समझाया।
भूल भी जाना जो कुछ पाया।

छोड़ मुझे वो अपनी राह चली।
मुझे तन्हाई इस कदर खली।
इश्क मेरा बस इतना ही था।
शायद तुम्हारे जितना ही था।
अब नाम न उसका बतलाऊंगा।
"नवल" दिल को समझाऊंगा।

प्रेमी से बिछड़ने के बाद

प्रेमी से बिछड़ने के बाद
जो पीड़ा प्रेमिका को मिलती है
वो विधवा से कही अधिक पीड़ादायी होती है
क्योंकि विधवा के साथ होता है पूरा कुनबा
वह विधवा औरत जी भर कर रो पाती है
सभी लोगों की हमदर्दी मिलती है
लोग उसके प्रति करुणा का भाव रखते है
विधवा चाहे तो अपने घर की हर दीवार पर,
पति की तस्वीर लगा सकती है
पति को याद कर सकती है
लेकिन प्रेमिका के साथ तो कोई नहीं होता है
वह डरती है और खुलकर रो भी नहीं पाती है
ताकि समाज या परिवार कोई उसके आँसू न देखे,
वह घुट घुट कर जीती है
रात को अकेले कमरे में बैठकर
बिना आँसू बिना आवाज के रोती है
और अपने आपको जीवन भर कोसती रहती है

लगा कुम्भ में डुबकी

काम तुझे मिला नहीं आ लगा कुम्भ में डुबकी,
कच्छा तेरा सिला नहीं आ लगा कुम्भ में डुबकी।
रोजी-रोटी भूलकर पगले मोक्ष की तू चिन्ता कर,
पुण्य का फल मिला नहीं आ लगा कुम्भ में डुबकी।
आलस तज और आँखें मूंद कर नमो-नमो भज,
विश्वास तेरा हिला नहीं आ लगा कुम्भ में डुबकी।
पाप सारे धोकर, कर गंगे-गंगे फिर पवित्र होकर,
अब किसी को गिला नहीं आ लगा कुम्भ में डुबकी।
नेता-अभिनेता सब नहाए, "नवल" पाप गंगा में बहाए,
मैला जल सबको पिला नहीं, आ लगा कुम्भ में डुबकी।

हिन्दी

हर दिन नया सिखाती हिन्दी।
सबको खुद में समाती हिन्दी।
भाव,भाव का सही चयन कर।
जीवन सरल बनाती हिन्दी।

माँ की ममता जैसी हिन्दी।
शब्दों में मिठास घोलती।
भारत भर की बनी जुबाँ है।
जीवन सरस बनाती हिन्दी।

दिल की बातें खुलकर कहती हिन्दी।
सहज, सरल गंगा सी बहती हिन्दी।
संस्कृति की सुगंध महकती इसमें।
इतिहास धरोहर संजोए हिन्दी।

सबके दिलों का प्यार है हिन्दी।
लिए महिमा अपरम्पार है हिन्दी।
आओ मिलकर हम इसे सजाएं।
बने जीवन का आधार यह हिन्दी।

जीवन सबका संवारती हिन्दी।

जगमग शब्द सितारे हिन्दी।

इसकी महिमा जन- जन गाएँ।

“नवल” जीवन सबका तारे हिन्दी।

9 789357 82082

Printed at Repro India Ltd.